人生の手引き書

〜壁を乗り越える思考法〜

渡部昇一

Shouichi Watanabe

装幀…(有)堀図案室
帯写真…難波雄史

まえがき

私は英語学が専門で、大学で教えることを生業としたが、じつは、戦時中の中学（旧制）に入ったとき、学校の課業にはなじめなかった。子どもの頃から少年講談の『三国志』を読んで漢文の面白さに目覚め、漢和辞典を文字通り愛撫するまで漢文に親しんでいたにもかかわらず、中学（旧制）で教える漢文は面白くなかった。漢文だけじゃなく、他の課業の国語、物理、数学、英語もすべてだめなのである。あるとき、教科書以外の本（小説や講談本）を読んでいたところ、二度ばかりつかまり、かなりしつこく退学を勧告されたこともあった。

当時はどうにも授業になじめず「おかしい、おかしい」と過ごしていたが、戦後に出会ったのが、英語の教師をされていた佐藤順太先生だった。

佐藤先生の授業は、普通の授業と比べてまさに〝規格外〟であった。佐藤先生が教材に取り上げられたのは、フランシス・ベーコンの『勉学について』である。一つひとつの単語の意味を入念に分析し、時にはCOD（コンサイス・オックスフォード・ディクショナリー）をひもといて、これでもかと掘り下げられた。

そして、「こうしたケースがある」「ああしたケースもある」と、様々な方向に限りなく解釈を拡大させていく。一回の授業時間のなかで一行も進まないことも珍しくなかった。勉強とはこれほどスリリングで面白いものかと思ったものだ。私は第一回目の授業から佐藤先生に魅了されてしまった。

当時、私がほとんどの学科の科目に興味を失ってしまったのは、私の落ち度ばかりであったとは思われない。中学（旧制）はエリート・コースではあったにもかかわらず、あまり「知的」ではなかったのである。それに正直に言って、大部分の先生は知的生活をしていなかった。学校は生徒を叱り、命令するだけの場所と心得ているようだった。

佐藤先生は違っていた。先生のご自宅は、決して広くはなかったが、天井まで和漢洋の本が積んであった。英語の本は当然として、漢文の古典、日本の古典もある。しかも積んであるだけではなく佐藤先生はそれを全部読んでおられた。佐藤先生こそ、不幸な私の学校生活をいっきょに解決してくださり、自分が心の底で無意識に願っていたことを、体現して見せてくれた人だった。

私は佐藤先生を師と仰ぐことで、初めて自分が何を求めているのかを知った。私は「佐藤先生のごとき生活を終生の目的にしていきたい」と心より願ったのだ。だから佐藤先生を模範とし、英文科に進んだ。

振り返れば、学校の授業になじめず苦しんでいたときも、投げやりにならず、自分なりの勉強はしっかりしていた。その結果、神のごとく崇拝した佐藤先生と巡り会う幸運をつかむことが出来たのだと思う。

その後、尊敬できる多くの方にお会いすることができた。大学では幸田露伴の『努力論』や佐藤義亮（新潮社創立者）の『生きる力』をすすめてくださった神藤克彦先生のお宅にしばしばお伺いして、薫陶を受けたことも幸運なことであった。

私が師と仰いだ佐藤先生や、神藤先生のお話――それは知的生活を営み、人生経験豊かな老人たちからの〝説教〟であり、かけがえのない尊い教えであった。その〝説教〟こそ、私の人生の羅針盤となったのである。

私はすでに佐藤先生や神藤先生の年齢を超えた老人となったが、今でも苦難の多い人生を歩むとき、師となる先人たちの知恵はとても大事なものだと思っている。

しかし、今日の人生の先輩にあたる人たちは、壁の前に佇んでいる者がいてもあまり彼らに語ろうとしないように思われる。〝説教〟や〝修養〟をまじめに語ることを恥ずかしいと思っているのかもしれない。だが、志ある者に自らの経験を伝えることはとても大事なことなのではなかろうかと、思う。

もしくは、自らが語らずとも、今の時代はネット上に知識は溢れ、佇む彼らの解決策がネットからすぐに手にできると思っているのかもしれない。しかし、ネット上に溢れているものは知識ではなく、単なる情報に過ぎない。情報を見極める頭がなければ、なんの解決策も見出すことはできないだろう。かえって情報が多すぎるあまり、扱いを誤れば足を取られてしまう危険性もある。

確かに先例のない情報技術革命の時代であるのは間違いないが、人の生きる道、糧、幸せのあり方は、昔と大きく変わりはしない。

自分が尊敬する師や先輩の声に耳を傾ける、豊かな読書を通じての知的な体験など、自らの進むべき道は、先人の教えの中にヒントが宿っているものなのである。

私も佐藤順太先生や神藤克彦先生から大きな教えをいただいた。私が教えていただいたように、今度は私が先人たちの教えを伝えていきたいと思う。私も人生の中で大いに苦しみ悩んだが、振り返ればその時々に師と仰いだ先人たちの教えに何度も救われたのである。

志をもった人、今、壁を前に佇んでいる人が本書を手に取り、私の〝説教〟が、少しでも前に進むお役に立つのであれば、この上ない光栄である。

渡部昇一

平成二十九年三月

人生の手引き書 目次

第一章 脆弱な自分に気づいたとき

第二章
壁を前に、佇んだとき

第三章

壁を乗り越えるための思考法

第四章　世の中とズレを感じたとき

第五章

重要な判断をしなくてはいけないときに

第六章

幸運を呼ぶ思考法

第一章

脆弱な自分に気づいたとき

人は無意識のうちに、自分の努力不足を周囲のせいにしてしまうものである

以前、こんな話を聞いたことがある。

ある人から、息子の就職について相談されたのだが、その息子というのが、一流企業に就職しようと思ったがことごとく落とされ、そのことに毎日不平不満を言っているのだそうだ。

さらに聞くと、その息子は、高校時代からろくに勉強したこともなく、かろうじて大学には入ったものの、そこでもまったく勉強せずに遊んでいたという。それで、就

職に失敗して不満をこぼしているというのである。

ちゃんと就職したい人は、高校時代からきちんと勉強し、大学でもそれなりの努力を積んでいるものである。

別に一流大学でなくとも、その大学で自分の能力を磨けば、道は開けてくるものなのだ。それなのに、そういう努力を一切しないで楽しく遊びほうけ、今になって就職できないとブツクサ言っているというのだ。勉強できなかったのを他人のせいにしてみたり、就職できないのを社会のせいにしてみたりはするが、まったく自分を省《かえり》みようとしない。

呆《あき》れてものが言えないとはこのことだ。

だが、人は往々《おうおう》にしてこの類《たぐい》の落とし穴にはまりやすいものなのである。この例はひどすぎるとしても、無意識のうちに、自分の努力不足を周囲のせいにしてしまうのだ。

そこで、自分が社会なり、会社なり、周囲の大人たちなりに、なんらかの不満を持っているとしたら、その不満が単なる主観的な不満にすぎないのか、客観的に見ても納得いく不満なのか、頭を冷やして考えてみたほうがいい。

そこのところをうまく見極めないと、ただ我《が》が通らないことに腹を立てるという、自分の弱さに流されるだけの人間になってしまう。

よくよく考えたところで、その不満が自分の身勝手や怠惰《たいだ》にあると気づくことができれば、その後は自分の不満を解消させる方向で努力すればいい。こうして己に厳しくなってこそ、人は真に成長できるものなのである。

こういう姿勢で日々生きていれば、必ず、そこから新たな道は開ける。

不満を持つのなら〝高い不満〟を持たなければならない

英語の「ハッピー」という言葉は、語源を辿《たど》ると「出来事《ハプニング》」と同じである。同じく、日本語の「幸せ」はもともと「仕合わせ」、つまり、「事の成り行き」という意味だった。

つまり、どちらとも、もともと何かの「出来事」、ハプニングが起きることを言っており、幸運なハプニングに出くわせば「幸せ」になるというふうに、外側から自分の幸福が決められていたのである。

たとえば、昔の女性の幸せは、収入に困らない亭主を持つことだった。いい家にお嫁に行けたら幸せ。姑《しゅうとめ》が優しければ幸せ。このように、自分の幸せを決めるものは、すべて自分の外側の事情である。

しかし、人間の知力が発達して近代に入ると、それが変わってくる。外側より内側にウエートがかかってくるのである。

たとえば、経済的に安定しているというのが普通という時代になってくると、幸せかどうかは、そうした「外側」の事情ばかりによらなくなる。物質的に恵まれていても不幸せだと感じる人もいれば、物質的にはそれほど恵まれていなくても、幸せを感じる人も出てくる。要するに、幸せをはかるバロメーターが「明日食えるかどうか」ではなくなり、それぞれが持つ欲求の水準が高くなったということである。

このように時代に対応する幸せ・不幸せの見方を、A・H・マズロー（アメリカの心理学者。一九〇八〜一九七〇）は、不満のレベルという概念で捉《とら》えている。

マズローによると、自分が不平不満を感じているとき、それがどの程度のレベルのものなのかを見る必要があるという。そして、そのレベルが高ければ高いほど、いい傾向だというのである。

たとえば、食うや食わずのときには、ただ、日々食べ物に苦労するという不満がある。だが、ある程度経済力があれば、日々の糧《かて》がないという不満は払拭《ふっしょく》され、今度は、着るものや住居、ステータスなどについて不満が出てくるわけである。

マズローの考え方で言えば、前者はレベルの低い不満で、後者はレベルの高い不満だというわけだ。

この例は経済力に焦点が当たっているが、この理論は、あらゆることに応用できるのではないか。

仕事に関する不満、家庭に関する不満、学問に関する不満……。今、自分がどんな不満を持っているのか、明確にしてみるといい。

そして、今自分が感じている不満と、前に感じていた不満とを見比べてみるのである。自分はより成長しているのか、後退しているのか、それとも足踏み状態なのか。

こうして自分を客観的に眺めてみるだけでも、ひと回り成長できるきっかけとなるはずである。

不満の解消に、神経を使ってはいけない

総じて言えば、不平不満がなければ人は成長できない。ただし、環境に適応し切ってしまえば、そこで進化がとまる。生物の中で人間だけが適応し切らなかったので進化を続けたのである。

だから満足し切らないことはよいことなのだ。前項で述べたような、自分の不満を周囲のせいだけにするような不平不満は、マイナスに作用するだけである。そのあたりはきちんと見極めておかねばならない。

そのうえで、不満を感じているところを鋭く察知して、それを克服しようとする人、不満を解消しようとさまざまな方策を立てる人にとっては、その不満こそが、自分を前進させる目標になる。

企業の経営者で忙しく働きづめなのに、なぜか楽しげな人がいる。あるとき、そんなタイプの人に、「毎日毎日仕事で忙しく飛び回っているのに、よく陽気な顔をしていられるものですね。いろいろ心労も多いことでしょうに」と言ってみたことがある。すると、相手はこう言ったのである。

「いや、私は頭は使うけれども、神経は使いませんよ」

この答えに、私は心底《しんそこ》感心してしまった。ブックサと不平不満をこぼして神経をすり減らすのと、不満の解消法を考えるのとでは、まったく違うということである。不満に対して神経を使うのと頭を使うのとでは、天と地ほどの違いが出るのだ。

❖問題点をさばくことに、喜びを感じられるか？

闇雲《やみくも》に心配するだけでは「考えた」ことにはならない。

あることに対してクヨクヨと心を悩ませていても、何の問題解決にもならない。ところが、問題があればあるほど、その解決策を「考え」、問題点をさばいていくことに喜びを感じられるようになれば、どんなに忙しく、どんな困難な問題が生じてこようが、健康で陽気に生きていけるのだ。

今挙げた経営者の例を見るまでもなく、不満が生じたときに、その不満を向上につなげるか、破滅につなげるかは、知力、つまり頭の使い方による。

当然、不満に対してブツクサ言っていたほうが楽だろう。だが、それは結局、自分の弱さに流されているだけだ。

ならば、最初は厳しいかもしれないが、不満の解決のために頭を使って考えてみるのである。そうしたとき、不平不満は、自分を大きく飛躍させるものとなるのだ。

〝慎重な行動〟の裏には、「できない理由探し」がいつも隠れている

私の知り合いに、こんな人がいる。

彼女は大学を出て結婚し、出産して専業主婦として生活していた。姑《しゅうとめ》との関係もよかった。そのままでも、もちろん幸せな人生を送れたことだろう。

しかし、あるとき、テレビを見ていて、ふと「このまま人生を終わってもいいのだろうか」と自分の生き方に疑問を持ったのである。そして、一念発起《いちねんほっき》して勉強し、大学院に入学し、最後は教授になってしまった。しかも家庭を壊したわけではない。

彼女のように人生を切りかえた例は、そう多くはないかもしれない。多くの人は、たとえ日々の生活をむなしく感じても、何もできずに諦めてしまうか、たとえ一時的に何かを始めても、結局は長続きせず、元の怠惰な生活に戻ってしまう。楽なほうに流れがちなのが、人間というものだからだ。

また、私の家内の友人には、こんな人もいる。

この人はドイツ文学に憧れ、学びたいと思っていた。しかし、家庭の事情から大学進学がかなわず、高校を卒業してすぐに商社で勤めだしたという。

その商社で四十歳くらいまでしっかりと勤め上げ、家庭内のことに始末がついたとき、彼女は改めて大学に入学する。そして、最後にはドイツ文学の教授になったのである。

この二人の例からもわかるように、人生の方向を変えようと思えば、人一倍の欲求がいるだろう。変えて成功するかどうかはまったくわからないことだし、変えるに当たっては、さまざまなハンディキャップがあるだろうからだ。

しかし、そのことを恐れていては、前へ進めない。失敗を気にしたとたんに臆病になり、結局は何も変えられずに、不平不満の人生を送ることになるかもしれない。

もちろん、人は誰しも、自分の能力に対してある程度の不満は持っているものだ。本当にやれるものなのか、常に疑いながら行動している。だからこそ、成長もできる。しかし、必要以上に慎重になると、今度は「できない理由探し」（第五章１７５ページ参照）が始まってしまうから要注意だ。

才能がないから、実力が伴わないから、あるいは、家庭の事情があるから、時間がないからといって、せっかく自分がやろうとしていることを放棄しようとするのは単に人生から逃げているだけだ。

才能があるかどうかといった評価は、あとの結果に対して人が下すもので、始める前から自分で決め付けるようなものではない。やると決めたら、断固としてやってみることが大切なのだ。でなければ、不平不満の生活に甘んじるだけである。

そこは、多少のハンディキャップなど恐れず前に進む気概がほしいものだ。

難問にぶつかったときの決断拒否は、あやまちの中で最大のものである

近世哲学の祖といわれるフランスの哲学者、デカルト（一五九六～一六五〇）は、こんな名言を残している。

「決断拒否は、あやまちの中で最大のものである」

難問に直面したとき、ああでもないこうでもないと考えていても、何も変わりはし

ない。いずれ、どういう行動を取るか決断しなければならない。難問であればあるほど、それは勇気を要することだが、決断を先送りにすると、ろくなことにならないのだ。

またパスカル（一六二三～一六六二）は、こう言っている。

「どんな行動の中にも、賭けの要素がある」

いくつかの選択肢の中から一つ、どう動くかを選ぶのである。一か八か、とまではいかなくても、当然危ない橋を渡ることになるかもしれない。「ほかの道を選べばよかった！」ということにもなるかもしれない。

しかし、それを恐れていてはいけない。決心し、行動する。それこそが解決の道だからである。人生の切所《せっしょ》をどうやって乗り切っていくのか。

切所というのは、道のものすごく厳しいところのことである。人生は山あり谷あり、いいときもあれば悪いときもある。その都度《つど》、人はさまざまな判断を下し、いろいろな知恵をしぼって人生という長い道のりを歩んでいかなければならない。

　そして、どこかで必ず切所といわれる場面に遭遇する。ここが肝心かなめの勝負どころだ。ここでふんばれるかどうか、乗り切れるかどうかで、その後の人生が違ってくる。場合によっては、幸・不幸の境目になるかもしれない。

　だから、臆病な人はここで目をつぶってやりすごそうとする。そのために、かえって人生をだめにしてしまうのだ。

　デカルトが言ったように、決断拒否はあやまちの中でも最大のものである。決断を先延ばしにすればするほど、問題は増幅し、悪循環に陥ってしまうのだ。

"人生最大のチャンス"は、少なくとも3回めぐってくる

誰にでも、千載一遇《せんざいいちぐう》のチャンスを逃《のが》した悔しさを味わった経験があることだろう。「逃した魚は大きい」といわれるように、逃したチャンスほど、最大のチャンスだったように思えてしまうものだ。

しかし、ここで投げやりになって諦めてしまうようでは、やはり、自分の弱さに流されていると言わざるを得ない。「どんなにやっても、もうダメだ」と投げやりになるのは、「これ以上努力を重ねても、永遠に実を結ばないのでは」と怖がっているか

らだ。だが、さらに努力を重ねることに臆病になるくらいなら、そこで、少なくともチャンスは三度めぐってくると考えて、あわてずに待つくらいの心構えを持ちたいものである。

実は、これは私が身をもって経験したことでもある。

大学生の時、私はアメリカ留学の奨学生に応募したことがある。しかし、面接で落とされてしまったのだ。その理由は、着ているものがだらしない、人付き合いが狭いという、勉学とはまったく関係のないことだった。勉強不足と言われればまだ納得がいく。だが、要するに、アメリカの教授から見たら、私には社会性がなかったということだ。このときばかりは、歯ぎしりするほど悔しかった。

まだ若かった私は、ここで「まだチャンスはあるさ」と大きく構えることなどできない。だが、勉強で投げやりになることはなかった。

その後、アルバイトで女子校の英語教師をやったが、ふと「留学した連中は今ごろ、嬉々《きき》として勉強しているのだろうな」などと思っては、歯がゆい思いに苛《さいな》まれた。一日ごとに差がついていくような焦燥感《しょうそうかん》に襲われることもしょっちゅうだった。それでも勉強や読書を怠ることはなかった。

しかし、結果から言えば、アメリカ留学に失敗したおかげで、私はその後、ヨーロッパに留学するチャンスを得た。ドイツ、イギリスと留学したのだが、一九五〇年代にヨーロッパへ留学するというのはたいへんなことで、結局は、アメリカ留学よりも大きなチャンスを摑《つか》んだということだ。

アメリカ留学に行っていたら、このチャンスには恵まれなかっただろうし、このチャンスに恵まれなければ、ドイツ語をマスターすることも、アメリカを含めたヨーロッパ文化圏について発言する下地もつくれなかったに違いない。留学しそこねたアメリカの大学には、後に招かれて教授として行くことになった。このような例もあるのだ。

大きな社会変動や戦争などで混乱した世の中ならば、一度チャンスを逃せば命取りになることもあるだろう。しかし、変化の時代とはいえ、今は平穏といっていい時代である。一度や二度、チャンスを逃したからといって、希望を達成する道が閉ざされたと落ち込むことはないのである。

どうしようもなく憂鬱なとき、手や足が解決策を与えてくれる

時代を問わず、世の中に人生訓を説くような本は数多《あまた》ある。それだけ悩み多き時代だということだろう。数ある中でも清水幾太郎《しみずいくたろう》先生の書いた本に、わが意を得たりと感嘆したことがある。一語一句覚えているわけではないから、概要を述べさせてもらう。

学生時代には、現在の自分について、あるいは将来について、そして人生全般について、さまざまに悩む。友人と二人で話していても、数人集まっていても、話題は結

局、行く末のことや人生についてになってしまい、ああでもない、こうでもないと論じ合う。

それが学生の特権なのかもしれない。けれども、さまざまに苦悩し、いかに呻吟《しんぎん》しようとも、それらの悩みは就職した途端に雲散霧消《うんさんむしょう》してしまう。就職してしまえば、仕事に追われて悩んでいる暇などない。

仕事とは、それほど重いものなのだということを先生は言おうとしていたのだろうが、これは同時に、青年時代の人生論や悩みというのは、ある意味では贅沢なものだと言っているのである。

かくいう私も、大学時代、落ち込んだことがある。ここで私が恵まれていたのは、育った家庭、父母きょうだいがこのうえない安らぎになったということだ。その安らぎを求めて、落ち込んだ時期でも、休暇のたびに必ず帰省すれば、再び元気と希望が湧いてきた。

もっとも、父母きょうだいに何を相談するということはない。ただぶらぶらと好きな本を読み、たまに両親の仕事を手伝っていただけだ。

ただ、そうしているうちに、自分が東京で何やかやと悩んでいるのは、要するに贅沢な悩みなのだと、つくづく思ったのである。実家では、みなが食うために一生懸命働いている。悩むくらいなら手を動かして田を耕せ、といったところだろう。

こうして、人生が別のものに見えてくる。東京で抱えていた鬱々とした気分が少しばかり晴れる。また、勉強に励もうと思える。これがよかったと思うのだ。

人間、どうしようもなく憂鬱で落ち込んでしまうことがある。行く末について悩み、将来について不安に思ってしまう。しかし、いつまでも落ち込んではいられない。問題は、いかにそこから自分をいい状態に持っていくかということだ。

そこで「これは贅沢な悩みだ」と思ってみる。そうすれば、自然と心は晴れてくるのではないだろうか。

なぜ、落ち込むかというと、要するに、自分のことばかり考えているからである。うまくそこから抜け出す方法を知っておかないと、自分のことしか考えられない、小さな人間になってしまうのだ。

〝小さな恍惚〟をいたるところで見出すことができる人は、幸せである

天皇陛下が子どものころの英語の教師だったヴァイニング夫人は、少女のころ、夕暮れの空を飛んでいく鷺《さぎ》か何かの鳥を見たときに、一瞬、その美しさに我を忘れるような体験をしたと書いている。

そのとき以来、夫人は小さなことにうっとりとする体験を大切にするよう努めたという。

人生において、大きな喜びで夢中になれるようなことはあまり多くはないかもしれ

ない。しかし、小さな恍惚《こうこつ》を感じる目を持っていれば、人生はもっと充実感に満ちたものになるはずだというのだ。

松尾芭蕉の句に、「山路来て　何やらゆかし　すみれ草」というのがある。すみれ草は、普段は目にもとめない草だが、それについ見とれてしまう。このときの芭蕉も、ヴァイニング夫人と同じく、小さな恍惚の状態にあったと言えよう。

こういう「小恍惚」とも言うべきことが起こるときこそ、本当に、自己が伸びているときである。小恍惚を人生のいたるところで見出すことができる人は、幸いな人であり、生きがいのある人生を送っていると言える。

ヴァイニング夫人の鷺や芭蕉のすみれ草のように、ある情景に目を奪われるといったことに限らない。数学の問題が解けたときの言いようのない満足感、時間を忘れて小説に引き込まれているときの充実感、素晴らしい音楽に聞きほれているときの心地よさ。すべてが小さな恍惚だ。

ここで言っておかねばならないのは、このときの心の状態が受け身であるということだ。これは、けっして自分の努力によって獲得したという、能動的、もしくは挑戦的な姿勢から得られるものではない。

なぜ、こんな話をしているかというと、「努力は大事」という思考にはまりこんで、努力至上主義に陥る人が多いからである。

たしかに努力は大事だ。しかし、断じて努力＝価値ではない。ここを見誤って、努力しないで得たものには価値がないという迷信に染まってしまうと、小恍惚を得ることも、小恍惚を見出すことで成長することもできなくなってしまう。

たしかに、求めるものに向かって一心に努力することは美しい。ハンディキャップを厭《いと》わず、失敗を恐れず、とにかくやってみるべきだということは、これまでにも述べたとおりである。

ただ、「努力、努力」と思いつめるあまり、努力すること自体が一番の価値だと錯覚してしまっては元も子もない。それは、ある種の傲慢《ごうまん》である。

だから、ときには、受け身の姿勢になって、小さな恍惚を「授けられる」という心境に浸ってみてもいいのではないか。今日、自分があることのありがたみがわかるはずである。

厄介な嫉妬にとりつかれたとき、どうすればいいのか?

人間の感情の中で、一番厄介なのは嫉妬ではないか。人間は、とかく嫉妬したりされたりするものである。

嫉妬というのは非常に扱いにくい感情で、簡単に抑制できるものではない。そして、一度取りつかれると、ちょっとのことでは消し去ることはできない。

ただ、その根底には、「自分も相手のようにありたい」という気持ちがある。このことは、指摘しておかねばなるまい。つまり、嫉妬に狂うことは愚かだが、その根底にある「相手のようにありたい」という気持ちまで否定することはないと思うのだ。それは、言ってみれば、向上心のあらわれだからである。

ただし、嫉妬が嫉妬のままだと、やはり恨みつらみにつながりやすいため、ちょっと視点を転じる必要はあるだろう。そこで、「あいつ、うまいことやっているな」と思ったら、それが嫉妬の感情に結びつく前に、「オレもあやかりたい」という心境にすりかえてしまえばいいのだ。「畜生、あいつばかりいい目みて」という嫉妬は、後ろ向きの感情である。そこからは何も生まれない。ただ相手がうらやましく、運に恵まれない自分を恨めしく思うだけだ。このような心理状態では、もし幸運がめぐってきても、みすみす見逃すことになる。

そこで「あやかりたい」と思えれば、とたんに前向きな姿勢になる。その時点で、相手の幸運と自分の不運を恨んではいない。そして、「いずれ自分にも、彼のような幸運がめぐってくればいいな」というふうに、幸運を受け入れる準備が整った状態になるのだ。

❖アメリカン・ドリーム的な思考法に学ぶ

この点、一般にアメリカ人は鮮やかなものである。

アメリカ人にも、もちろん、妬《ねた》みの感情はある。しかし、彼らの場合は、アメリカン・ドリームがそれに勝ってしまうことが多いのだ。

「これを妬むのなら、お前も頑張って成功すればいい。成功しないのは、それだけの努力をしていないからだ」――このように考えるアメリカ人は、人の成功をねちねちと憎むことが少ないようだ。そういう人間は、むしろ軽蔑の対象ですらある。

この、妬みをプラスのエネルギーに変えるメンタリティに支えられて、アメリカは良くも悪くも、あそこまで大きな国になったのだ。

嫉妬は、人の不幸を願うネガティブな感情である。それをポジティブに変え、自分の成長につなげるために、このアメリカン・ドリーム的思考法は、大いに見習うべきではないだろうか。

劣等感に、どう向き合うかで行く末に天と地ほどの差が出る

自分を他人と比べて劣等感に苛《さいな》まれるというのは、誰にでもあることだろうが、この劣等感も、向き合い方によって行く末に天と地ほどの差が出る。

もともと、劣等感とは、向上心と切り離しがたく結びついているものである。心理学者に言わせると、子どもはみな大人に対してコンプレックスを持っている。それが、早く大人になりたいという向上心を生み、子どもを成長させていくのだという。

こういった劣等感は、非常に健全なものであり、むしろあったほうがいい。日本が

ここまで近代化して成長できたのも、かつての先進国に対して、子どもが大人に抱くような健全な劣等感を持っていたからだ。

つまり、健全な劣等感は、成長の起爆剤になるということである。ただし、どういう劣等感が健全で、どういう劣等感が不健全かという区別はない。さっきも言ったように、大事なのは向き合い方だからである。

ダーウィン（一八〇九～一八八二）によると、知力や才能などよりも、メンタル・アティテュード（精神的態度）のほうが人間には大事だという。

人は生きていく中で、さまざまな情報や出来事に遭遇する。そこで重要となるのが、そういった情報や出来事を理解したり整理したりする知力よりも、それにどう対処するかという根本的な精神的態度なのだ。

これは、劣等感に対しても同様だ。自分を成長させる起爆剤になるか、ただ劣等感の渦に巻き込まれて沈んでいくかは、その人の精神的態度にかかっているのである。

しかし、子どもの頃や青年期というのは、精神的にはまだまだ弱い段階なので、どうも一度劣等感を抱くと落ち込んで状態を悪化させてしまいがちなものだ。劣等感を自分の中で増幅させ、病的なまでの劣等感に陥ることも少なくない。

これでは成長の起爆剤とすることはできない。まずは劣等感があるということを率直に認めて、それがどこからくるものなのか、どこがどれだけ劣っているのかを、冷静に考えてみることだ。そうすれば、この先どう生きていけばいいか、道筋が見えるはずである。

人は誰も、とうてい達することのできないような人物には劣等感を抱かない。われわれは横綱の体力に対して劣等感を抱かないだろう。「あわや自分も」という気持ちがあるから、まだそこにいたっていない自分は「劣っている」と感じるのだ。

ある人が、大学で周囲の人物がみな秀才に見え、劣等感を抱いて悶々《もんもん》としていたとき、ある教授に「優秀な人ほど、劣等感を持つものです」と言われて救われたと言っていた。

まさにそのとおりである。自分もなれる可能性があり、それを自覚しているからこそ、劣等感を抱くのだ。ということは、やはり、劣等感は、成長していく出発点なのである。

望みを持ったなら「どうしたらできるか」を考える。それこそが第一歩

勉強ができる学生が、同級生に「いいよなあ、お前は頭がよくて」と言われて腹が立ったという話を聞いたことがある。その学生にしてみれば、自分が勉強ができるのは、頭がよいからではなくて、それなりに努力しているからだった。

それを、あたかも何の努力もせずにテストでいい点を取っているように言われたのだから、腹も立つことだろう。同時に、自分を「頭がいい」とうらやむことで、自分の努力不足を棚に上げる同級生にも、苛立《いらだ》ちを覚えたのかもしれない。

若いころ、一番憧れるものといえば、「天才」ではないだろうか。自分が、天賦《てんぷ》の才能を授けられた選ばれし者だったら、どんなに素晴らしい人生を送ることができるだろう。一方には、天才の苦悩というのもあるだろうが、それも含めて、誰もが一度は天才に憧れるものだと思う。

しかし、冷静に考えてみれば、天才などそうめったにいるものではない。そして、普通の人間がある程度のことを成そうと思ったら、最初はとにかく努力から始めるしかない。

努力の対象が仕事ならば、真面目に努力すれば、いずれ必ず面白くなってくる。面白いと思えれば、自然と能力も上がってくることだろう。

エジソンのような天才でも、九九パーセントが汗で一パーセントがインスピレーションだと言っているのだ。いわんや凡人をや、である。はじめの段階なのに努力を避けて何かを成すということは、絶対にないと腹をくくるくらいでちょうどいい。

「英語を上達させたい」、「芸事がうまくなりたい」、「ある学問を究めたい」、「お金をもうけたい」……。

人の望みは尽きないものだ。そこで本気でそうなりたいと願うのなら、そこから、「どうしたらできるか」を考える。これが、努力の第一歩として大事なのである。

当たり前のようだが、これが意外とできていないものだ。「こうなりたい」という希望で止まってしまっていることが多いのである。それでは、一生懸命やる気がないと思われても仕方がない。一生懸命やる気がないように見える人に、運も人も味方しないのだ。

だから、努力せずとも成功できるような天才に憧れる前に、まず努力、そして、努力の第一歩として、自分の欠点も踏まえたうえで「どうしたらできるか」をじっくり考えることだ。その積み重ねで、人間の質は格段に上がるものなのである。

謙虚な気持ちは美徳だが、行き過ぎると悪徳となる

こんな話がある。

戦後すぐのころ、アメリカ軍がジープで乗りつけ、めずらしがって集まる子どもたちにチョコレートやガムを投げ与えている。ここまでは、誰もが知るところだろう。戦争で焼け野原になった日本は物資が極端に不足していたから、子どもたちがチョコレート欲しさに群がるのも、やむを得ないことだった。

しかし、話はこの後である。ある母親がアメリカ軍の兵舎を訪ねてきて、「子ども

がお菓子をもらったお礼に」と、野菜を置いていったというのだ。これを知ったアメリカ人は、日本はたいへんな国になるといたく感服したという。

敗戦直後なのだから、この母親だって裕福なはずはない。しかし、だからといって見知らぬ人に物をもらってはいけない。よしんばもらったとしても、きちんとお礼を返すというのが、戦前のきちんとした家のモラルだった。

この母親がどのような家庭の人だったかはわからないが、チョコレート一枚だろうがガム一個だろうが、見知らぬ人に一方的な施《ほどこ》しは受けないという気概があったのである。そしてそれは、たとえ相手が戦勝国のアメリカ人であっても変わらないということなのだろう。

見も知らぬ人から物をもらいっぱなしにしては恥になるというプライドが、この母親にはあったのである。

❖プライドは、自分の壁を破る力

品性の高さというのは、プライドからくる。ただ、プライドがあり過ぎると高慢になってしまう。だから、この両方をバランスよく兼ね備えているのが一番理想的だ。だが、実際問題として考えると、プライドの高い人が謙譲の美徳まで備えるというのは、なかなか難しいことだ。

それに、謙譲や謙虚な気持ちというのは、下手をすると卑屈になってしまうから要注意である。卑屈さは、百害あって一利なし、これほど人にとってマイナスになることはない。

たしかに、謙譲は美徳の一つではあるが、美徳とは、ちょっと行き過ぎると悪徳になってしまうのだ。

だから、どちらかを取れというならば、私は卑屈に流れるよりは高慢になってでもプライドを持つほうを選ぶと思う。行き過ぎた謙遜から生まれる卑屈は何も自分のためにならないが、プライドは、自分の壁を破る力になり得るからである。

本当に自信のある人ほど、謙虚である

「金持ち喧嘩せず」という言い回しがある。お金持ちの人は、少しからかわれたくらいでは動じないプライドがあるから、めったなことでは喧嘩をしないということだ。自分が軽蔑されているはずがないという自信があるから、ちょっとのことで腹を立てたりしないのである。

お金持ちに限らず、本当に自信のある人ほど謙虚で、自信のない人ほどエゴが強いということは、人間に普遍的なことのように思う。

❖自信の基盤の脆い人は、攻撃的になる

シェークスピアは、人間の欲望や業をうまく切り取って描いた偉大な戯曲家として知られるが、彼の四大悲劇の一つ、『マクベス』を翻訳した福田恆存《ふくだつねあり》氏が、「マクベスの悲劇は、血筋や血筋に裏付けられた自信がなかったことだった」ということを解説に書いていた。

たたき上げの兵士だったマクベスには、血筋や家柄という自信の源流がなかった。だから、先王を殺して王位を奪い取り、その後も疑心暗鬼に陥って、気が狂ったように周囲の人間を殺し続ける。それが、破滅のもとだったのだ。

これは極端な話にしても、ちょっとしたことにすぐに反応して、まるで瞬間湯沸かし器のようにカッカと頭に血の上る人がいる。何でもないことなのに、口から泡を飛ばして論じはじめたりする。

このような人は、一見、プライドが高いように見えるが、その裏には、おそらく鬱々とたまった劣等感があるのだ。

だから、大したことでもないのにすぐに逆上し、エゴを守ろうとするのである。エゴが傷つきやすく、自信の基盤が脆《もろ》いがゆえに、やたら攻撃的になる。いわば「吠える犬は噛まない」といったところだろうか。

反対に、ちょっとやそっとの挑発には乗らず、やんわりとかわしてしまう人がいる。議論をふっかけられても、難癖をつけられても、おっとりと構え、相手を適当に立てて引き下がってしまうのだ。

これは、一見、弱腰なようだが、こういう人ほど健全なプライド、本当の自信があるのだと思う。真に自信のある人は、何も肩肘張ってエゴを主張する必要がない。そんなことをしなくても、周囲に十分尊敬されるからである。国民についてもすぐにカッカとする国民を「プライドが高い民族」と言ったりするが、それは心の底に劣等感があるので、「エゴの傷つきやすい民族」と言ったほうが正しいであろう。

一般にイギリス人はカッカと怒ることは少ない。一般的に言ってイギリス人は自分が軽蔑されているとは思わないからである。

ちょっとしたことですぐに人につっかかってしまう、人の些細《ささい》な言動がやけに気に障るという人は、心のどこかに不健全な劣等感を溜め込んでいるのではないだろうか。思い当たるならば、その劣等感がどこからきているのか、一度じっくりと考えてみることだ。

そして、前に述べたようなアメリカン・ドリーム式の発想で、劣等感をプラスのエネルギーに変えてしまえばいい。

そこから、成功のスパイラルが始まるのである。

第二章

壁を前に、佇んだとき

「もしそうでなかったら?」〝if〟の問いかけが新たな視点を生む

数年前、ある高等学校で講演したときのことである。

それまで私は意識的に高等学校と成人式での講演を避けていたため、高等学校で講演するのは、じつに久しぶりのことだった。というのも、高校生くらいの年ごろというのは、概して講演会のような場が好きではないからである。

ずっと以前に高等学校で講演したとき、体育教師らしい人が竹刀《しない》を持って生徒に無言の圧力をかけているのを見てすっかり嫌になってしまった。昨今お騒がせの成人式でひどい目にあったこともある。そういうわけで、高等学校と成人式での講演依頼はすべて断るようにしていたのだ。

ところが、そのときは、秘書の確認不足で高等学校で講演することになってしまった。引き受けた以上、やらないわけにはいかない。二つの高校の合同講演会とのことで千何百人も集まった生徒たちを前に、「参ったなあ」と思いながらも、私はこう切り出してみた。

「もし二十世紀のはじめに日本がなかったら、また日本国民がいなかったら、世界はどうなったか。皆さんは、それを考えたことがありますか？」

すると、会場は水を打ったようにしーんと静まりかえり、最後まで熱心に聞いてくれたのである。

歴史に「もし」は禁物とよく言われるが、「もしそうでなかったら」という問いかけは新しい視点をもたらす。だからこそ、講演会など退屈でしょうがないという高校生たちも食い入るように私の話を聞いてくれたのだろう。

この問いかけに簡単に答えておくと、二十世紀初頭に日本がなかったら、間違いなくアジア全域、否《いな》、全世界が白人主体のアパルトヘイトに覆われていただろう。

「西洋」を過剰に恐れ、反発したアジアの諸国が次々と列強の植民地になる中、日本は、富国強兵、殖産興業にかかわる数々の明治維新政策を成功させ、西洋の卓越《たくえつ》した近代文明をあっという間に自分たちのものにした。

そして、一九〇四年に始まる日露戦争で、ついにロシアに勝ってしまったのだ。ロシアはナポレオンをも裸同然で追い出した軍事超大国である。

それまで、有色人種が白人国を破るなど、あり得ないことだった。おそらく、ここで日本がふんばらなかったら、アジア全域は、完全に列強に支配され、搾取《さくしゅ》し尽くされていたことだろう。

戦後半世紀以上にわたり、日露戦争での勝利は日本を軍国主義国家にしたという見方が一般的だった。

しかし、「もしそうでなかったら?」と問いかけることで、そうした刷り込みが雲《うん》散霧消《さんむしょう》するというわけである。

もう一つ例を挙げておくと、世界中の非難を浴びたインドの核実験にも、「もし、インドが核開発をしなかったら？」と、同様の問いかけをすることで、一般のメディアが振りまく言説とはひと味違った見方ができる。

ここで、インドの立場から当時の状況を見てみよう。隣国パキスタンは、中国から核を含む軍事援助を受けており、インドにとって軍事的脅威になっている。

また、アメリカ、フランス、中国、ロシアなどの国連常任理事国が公然と核開発を行なっているのに、なぜ自分たちはいけないのか、という不満もある。

しかも、中国はいまだに民主的な選挙一つできない危険な全体主義国家である。中国とも国境を接しているインドとしては、対抗上、核を持たざるを得ないのだ。

もし、インドが核実験を行なっていなければ、中国および中国に軍事援助を受けているパキスタンにつけ込まれ、国益を著しく損ねていただろう。

起きたことをとやかく責めるのは簡単である。しかし、もし、それが起きていなかったら、と考えたほうが、物事の真価が見えることもある。そこには、「そうせざるを得なかった理由」があるかもしれないのだ。

一つの信条にのめり込むのは、危険である

なんであれ、一つの思想信条にのめり込むことは危険である。とくに一見もっともな考え方を錦の御旗《みはた》のように掲げられると、人は無批判になりやすいので要注意だ。

たとえば、戦後の民主主義教育といわれているものが金科玉条《きんかぎょくじょう》のごとく振りかざしていた「平等」など、その最たるものだろう。この一言さえあれば、すべて解決してしまうような誤った考え方さえあるように見受けられる。

「平等」の概念は、貧富の差の解消や男女同権にはじまり、近年では子どもの権利の

分野にまで及んでいる。日本でも、平成六年に「児童の権利に関する条約」が発効した。それによれば、未成年者も大人と同様の権利を有することになっている。

つまり、子どもも大人も平等である、というわけだ。しかし、ここでいう「平等」をつきつめて考えると、親の子どもに対する義務や責任まで否定することになりかねない。

たとえば、小学生や中学生の子どもを持つ母親が何かの拍子に子どもの日記を読んでしまい、その様子を見とがめた近所の人が「あの親は子どものプライバシーを侵害している」と裁判所に訴えたとする。

ここで「児童の権利に関する条約」に鑑《かんが》みれば、〝被告〟たる親は罰せられることになってしまうのだ。

もちろん、日記を見られた子どもは傷ついているかもしれない。見てしまった親には、「ごめんね」の一言が必要だろう。しかし、それは法的に罰する云々《うんぬん》の次元の話ではない。

そこを取り違えた議論によって子どもの生活に立ち入ることを一切禁止されてしま

っては、子どもがいかがわしいポルノを読もうが、何をしようが、親は注意することすら憚《はばか》らねばならなくなるのだ。

もちろん、「平等」そのものを否定しているわけではない。いかなる主張にも、かならず真理の粒があるように、「平等」も「不平等」のアンチテーゼとしての価値はたしかにあった。けれども、それで平等のすべてがいいかといえばそうではない。

ロシア革命や中国共産革命で私有財産までなくして平等にしたこと、平等の名の下に多くの地主が殺されたことを考えれば、それは一目瞭然である。殺された地主の数たるや、ヒトラーがユダヤ人を虐殺したよりはるかに多いのである。そして、ノーメンクラツーラというソ連独特の特権階級や中国の特権幹部階級が生じてしまった。

要するに、一つの主張には、よいところもあれば悪いところもあるということだ。一つの思想信条に無批判にのめり込むのは、だからこそ危険なのである。

たとえ正論や一見もっともな価値観を錦の御旗《みはた》のごとく振り回されても、冷静につきつめて考えてみれば、その弱点や矛盾点を見つけることができる。そうして初めて、物事の真価をバランス感覚を持ってはかることができるのだ。

「なんでだろう？」という小さな疑問を持つ目を鍛えなければいけない

まず、実例から始めよう。

思い当たる人もいるだろうが、長い間、日本のマスコミは「北朝鮮」の前か後ろに「朝鮮民主主義人民共和国」と付け加えていた。北朝鮮による拉致《らち》問題が明らかになるにつれて「北朝鮮」とだけするマスコミが大半を占めるようになったが、最後の最後までこの奇妙な呼称に固執した新聞がある。朝日新聞だ。

これは明らかに不自然なことである。考えてもみてほしい。果たして朝日新聞がこれまでに「韓国（大韓民国）」、「中国（中華人民共和国）」などと表記したことがあるだろうか。

これらは正式な国名を短縮したものであり、「北朝鮮」という〝俗称〟とは異なるという議論もあるが、ならば、かつての西ドイツに「ドイツ連邦共和国」、東ドイツに「ドイツ民主共和国」などと付け加えたことがあるだろうか。

そう考えていけば、北朝鮮だけが「北朝鮮・朝鮮民主主義人民共和国」などとご大層な注釈が加えられるのは、明らかにおかしいと考えざるを得ない。

これは、新聞を読み流す限り気にならないほど細部にかかわる疑問である。しかし、そこから辿っていくと「些細《ささい》なこと」と無視するには深刻すぎる問題に行き当たるのだ。

なぜ、朝日新聞は北朝鮮を特別扱いしてきたのか。

もっと根本を見るならば、「北朝鮮」という呼び名に抗議していたのは誰か。それはまぎれもなく朝鮮総連であり、全国紙の中でもとくに〝反日色〟が強く、北朝鮮も含めたコリアに根拠のない罪悪感を抱いている朝日新聞社が、彼らのご機嫌取りに徹してきたということなのである。

ここまでわかれば、今後、朝日新聞が報じる北朝鮮関連のニュースや論説も違って見えてくることだろう。とりもなおさず、一つの疑問によって目から分厚いウロコが落ちるというわけだ。またＮＨＫをはじめとするテレビ局も、長い間「北朝鮮・朝鮮民主主義人民共和国」と舌を噛みそうな言い方をしてきたのは、外圧によって「そう言わされてきたのだ」ということもわかるであろう。

日本の言論機関の公器が、日本に敵対性を持つ国とその支援団体からの圧力を受けていたのである。普通の日本人ならそういう圧力団体を心から憎むべきであろう。

世の中は、じつにさまざまなメディアで溢れている。このどれにも考えを委《ゆだ》ねず、自分の頭で判断するにはどうしたらいいのか――。刻一刻と移り変わる国際情勢や国政に少しでも関心を抱く人ならば、誰もが思うことだろう。

ありきたりではあるが、その問いに簡明に答えるならば、最初に疑問ありき、である。つまり、「なんでだろう？」という小さな疑問を持つ目を鍛えることが、報道に流されない思考力をつくる初期トレーニングといっていい。最初に疑問を抱かなければ、そこから先に進んで思考することはできないからだ。

しかし、だからといって、好奇心が芽生えた子どもが「なんで？」「なんで？」と繰り返すように、やたらと疑問を並べればいいというわけではない。ことはそう単純ではなく、やはり疑問を抱くにもセンスが必要なのである。

そのセンスとは、情報に漂う違和感を感じ取る〝嗅覚〟とでもいおうか。ベテラン刑事が容疑者のつくりあげた完璧なアリバイにどこかしら不自然さを感じるように、「これは額面どおりに受け取らないほうがいい」と直感的に感じるセンスである。

北朝鮮の例はあくまで一例にすぎず、こうした〝疑問ポイント〟は至るところに見られる。そう思っているだけでも、報道を捉える姿勢がぐっと変わるのではないだろうか。

疑問を、疑問だけで終わらせない。
必ず背後を推察する。

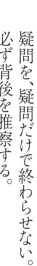

前項のように疑問を抱きさえすれば、そのウラに潜《ひそ》む事情も簡単に推測できる。
ふたたび北朝鮮の例になるが、「北朝鮮拉致疑惑日本人救援議員連盟」の会長だった中山正暉《なかやままさあき》氏（自民党）が訪朝した直後に態度を翻《ひるがえ》したことも、ウラ事情があったのだろうと推測が自然に出てくる。
中山氏は、一九九七年（平成九年）、訪朝団に参加して帰国するや、「北朝鮮にコメを送るのは拉致疑惑が解明されてから」というそれまでの立場を一転させ、「拉致を交渉の前提におくと何も進展しない」と主張しだした。訪朝を境に意見が一八〇度逆転したのだから、どう考えても不自然である。

「北朝鮮の実情を見たから意見が変わったのだ」という明らかに眉ツバものの説はさておき、ここでウラを読むとどうなるか。単純に考えて、北朝鮮のカネが中山氏の懐《ふところ》に流れ込んだとか、私行《しこう》に関することが握られたとか、いろいろ推測する人たちも出てくるわけである。

これはまったく突飛《とっぴ》な考えではない。現に、元副総理である故金丸信《かねまるしん》氏の家からは、北朝鮮の金と言われている「無印金《むいんきん》」が見つかっている。

金丸氏は、北朝鮮を訪問した時、巨額の賠償金を約束した（幸いに彼は政府代表でなかったから、日本はこの約束に縛られない）。この売国的行動も、無印金が無関係と考えるのは難しいだろう。まことに由々しきことだが、同じことがほかの有力政治家に起こっていてもおかしくないのだ。

また、一九九〇年代に「在日外国人にも地方公務員採用の門戸《もんこ》を開け」という運動が起こり、川崎市を皮切りに諸都市が国籍条項を撤廃したが、この背後でもカネが動いたといわれている。

そもそも、日本の公務員に外国人がなるという考え自体、非常におかしなものだ。日本という国に奉仕する以上、公務員が日本国籍を所有する者でなければならないのは、当然のことである。言っておくが、これは人種差別でも何でもない。日本は外国人の帰化を認めているのだから、日本国籍さえ持っていれば、肌の色が違おうが、髪の色が違おうが、一向に構わないのだ。

サッカー選手の三都主《サントス》だって、日本に帰化したからこそ、日本代表チームの一員としてプレーできたのである。つまり、彼自身が日本人として世界で戦うことを選択したということにほかならない。

地方公務員の例もこれと同じで、日本の公務員になりたいのなら、日本国籍を取ればいい。

言うまでもなく、公務員の給料は日本国民の税金から支給されている。日本人にはなりたくないが日本の公務員になりたいというのは、明らかに詭弁《きべん》なのである。

それなのになぜ、国籍条項を撤廃する地方議会があるのか。

先に述べたとおり、ここにもカネの動きが推測される。

ある信ずべき筋によると、当時、在日コリア人の金持ちたちの間では「地方議員に一千万渡せば、国籍条項の撤廃に賛成してくれる」と囁《ささや》かれていたという。

こういう特殊筋からの極秘情報を手に入れることはできなくても、疑問からウラを読んでいけば、こうした推測は可能である。

いくら考えてみても捜査権のないわれわれには推測の域を出ないのは事実だが、大切なのは、そういう視点で報道を〝読む〟ことなのだ。

独自の意見を導くコツは、「逆から考えてみる」といい

一つの問題を考えるうちに論点があやふやになって問題の本質がわからなくなってしまう。これは、思考力が十分にトレーニングされていない頭に得てして起こりがちなことである。あれこれと考えをめぐらせてはみるものの、結論に至ることができないのだ。そういう場合は、思考が「ああでもない、こうでもない」と否定の積み重ねで止まってしまっていることが多い。つまり、「ならば、どうすればいいのか」ということを考えないから結論が出ないのだ。

したがって、そこから思考を一歩進めて持論を導くには、否定したことを、逆から考えてみればよい。たとえば、不況の打開策として政府は増税案を出すが、一般的にも、それが何の効力も発揮しないであろうことは予測されている。国にお金を渡しても、非効率な公共事業などに費やされるばかりだからである。だから、多くの人が「政府の増税案に反対！」と訴える。しかし、この時点では「ならばどうしたらいいのか」という代替案が提示されていない。これでは思考力のある建設的な議論とはとても言えない。

ここで、逆から考えてみたらどうか。

すなわち、「国がお金を持っていても意味がない」と思うのなら、逆に「国民の手にお金があったら」と考えてみるのだ。現在の累進課税制度で莫大《ばくだい》な税金を取られているのは、金持ちたちである。その金持ちたちに課せられる税金が低くなり、彼らの自由になるお金が増えたとしたら、どうなるだろうか。

ここで思い起こされるのが、ヨーロッパの金持ちたちの社会貢献度である。フランス最大の輸出産業になっている香水はブルボン王朝の贅沢《ぜいたく》のおかげだし、また靴やスーツなどイギリスが売り物にしている品々も、紳士階級の市民の嗜好から生まれたものだ。イタリアなどは観光関係で、膨大《ぼうだい》な人たちの生活がいとなまれているが、それはご先祖様たちの遺産のおかげである。先祖の金持ちたちは子孫に恒久的な収入源を残してくれたのだ。

慶應義塾大学工学部の前身である藤原工業大学を開校した王子製紙の藤原銀次郎氏など、昔の日本人にもそうした例はある。金持ちは、政府よりはるかにお金の〝生きた〟使い方を知っている。彼らがお金を自由に使えば、それだけ社会が潤うのだ。

こうして考えてみると、今後さらに活況を呈する秘策は、要するに「金持ち敵視制度の廃止」にあると結論づけることができる。

こうなれば、これは一つの立派な意見であり、提案である。国会で野党が重箱のすみをつつくような揚げ足取りに徹することからもわかるように、「ならばどうすればいいのか」という代替案を出すのは、なかなか頭脳を必要とする作業である。しかし、「これはダメ」と思ったことを逆から考えてみるというコツさえ摑めば、意外な視点から独自の意見が飛び出すこともたまさかではないのだ。

たとえ話に置き換えてみると難しい問題は整理できる

よく言われることだが、日本の銀行でもっとも根深い根本問題は、旧大蔵省が護送《ごそう》船団《せんだん》方式という社会主義をやってきたことにある。金融ビッグバンによりシステム自体は解体されたが、日本経済はその後遺症をいまだに引きずっている。

護送船団方式とは、一番遅い船に合わせて航海するという意味で、転じて、力のない銀行に合わせて進む金融システムをいう。こういうシステムをつくることで、大蔵省は銀行同士の競争を極力排除し、一流の都市銀行から片田舎の信用組合まで、大蔵省の言うことを聞いていれば潰れないという体制を確立してきたのだ。

この護送船団方式の最大の問題点は、ニュージーランドの飛べない鳥、「キーウィ」にたとえるとわかりやすい。

この鳥は、鳥であるにもかかわらず、翼が退化して飛ぶことができない。どうしてこのような鳥が生きていられるかというと、七千万年以上も前の太古の昔に、この鳥は食肉性の哺乳類が発生したほかの地域と隔絶されたからである。

つまり、天敵に食われる心配がなく、逃げ回る必要がないために、羽や尾が退化してしまったのだ。要するに、まったくぬくぬくとした環境に住んでいたのである。

ところが、そこに白人が犬や猫などの動物を持ち込んだために、状況は一変する。逃げるための機能がまったくないのだから、簡単に捕食され、ついに放っておけば絶滅するという状況にまでなってしまったのだ。

この比喩で言うと、護送船団方式を採ってきた日本の金融界は、諸外国からほとんど切り離された棲み分け社会を形成してきた。一斉に大蔵省の決めた公定歩合に従って互いに争うこともなく、のほほんと生きてきたのである。

要するに、生存競争を勝ち抜く必要がなく翼が退化した鳥、キーウィと同じということだ。

しかし、日本の金融機関そのものが巨大になり、また情報伝達が格段に発達し、ソ連の解体とともに世界は一つのマーケットになり、世界の金融自由化が急速に進むにつれて、金融システムは国内だけの問題ではなくなってきた。つまり、国内で通用する棲み分けの理論では、もはや国際的に通用しないことが明らかになってきたのである。

こうして、よりよいアイデアを出さなくても生きていけるシステムの中でぬくぬくと過ごしていた日本の銀行は、自然淘汰の危険にさらされる羽目になった。

これが、護送船団方式の問題点だったのである。キーウィは保護されることで絶滅を免れた。日本の銀行はキーウィのような保護を期待できない。競争力を高めることで国際競争を勝ち抜いて行かねばならない。

このように、わかりやすい例を当てはめれば、政治・経済のような複雑な問題も、たちどころに整理できる。経済用語で理解しようとするから、経済の問題が難しく感じるのだ。

本質は何か？
議論するとき、ここを見誤ってはならない

あらゆる物事には、限度というものがある。それは、ものの考え方にもいえることで、どんなにいい考え方でも、大前提や本質的な部分をなおざりにして突っ走ってしまうと、とんでもない間違いを犯すことになるのだ。

たとえば、女性の社会進出に関する考え方がそうである。現代においては、男女で区別するような職種がどんどん少なくなっている。その結果、男として生まれたからとか、女として生まれたからという運命的なことがわかりにくくなってしまった。

わらじを履いて蓑笠《みのかさ》をつけて出かけるというような時代ならば、馬に乗って出かけるのは男と相場が決まっていた。しかし、自動車や電車が発明され、女性でも気軽にどこまでも行けるようになってからは、男女差を考えなくていい職場が膨大にできた。男女雇用機会均等法なる法律まであるくらいだ。

女性の職業選択の幅が広がったこと自体は、非常にいいことだと思う。私にもかわいい娘がいる。娘が女だからという理由で就きたい仕事に就けなかったら、腹立たしく思うことだろう。ところが、女性の社会進出が進んだ結果、とくに女性のほうに、あたかも男と女にはまったく差がないと考える風潮が生まれてしまったことには、疑問を禁じえない。なお悪いことに、家庭をつくりそこねたり、子どもをちゃんと育てそこねたりした一部の女性評論家には、そのことを声高《こわだか》に唱道《しょうどう》する人が少なくなく、それが女性の声を代表しているように思われやすくなっている。

ここで本《もと》を質《ただ》せば、男と女とには運命的に差がある。四十万年とも言われている人類の歴史の中で、妊娠し、子どもを出産し、育てるという大事業をやってきたのはほかでもない女性である。男性には逆立ちしてもできることではない。女性しかできない大事業を軽《かろ》んじ、男もできる仕事に入ることを進歩と考えるのが時代風潮であるが、それは時代風潮にすぎないことが、後世明らかになるだろう。

男女には厳然とした差があるのだ。言っておくが、どちらがより優れているかという問題ではない。男女はただ違っているということだ。近代文明というものが男女の差をぼやかしてしまっているだけで、男と女とは本来的に違うものなのである。

すべての宗教は男女の区別を重んじ（重んじすぎる宗教もあるが）、自然科学も否定しない。すべての宗教を無視し、すべての科学的事実を無視する女権運動とは一体、何なのであろうか、それはイデオロギーである。イデオロギーは一時の共産主義のように世界の潮流に見えることもある。そもそも、男尊女卑消滅のための女性運動であるはずなのに、「社会進出」が「男性と同位置で張り合う」ことと曲解《きょっかい》され、結果、女権運動に熱心な女性ほど自らの「女性性」を否定するという、はなはだしい矛盾が生じてしまうのである。このように、いくら正しい考え方でも、本質を見誤ると間違った方向に進んでしまうのだ。いつでも、ことの大前提は意識し、突っ走っていると感じたら、「本《もと》を質《ただ》せば」と考えてみればよい。

物事の真価は、過去の似た事例を検証するとよくわかる

たとえその分野についてよく知らなくても、「史上初」とか「前人未踏」などと冠されていると、何かすごいことが起きたのだと思ってしまうものだ。過去に例がないということは、それだけでインパクトがあるし、だからこそ価値があるものも多い。

こういうふうに考えると、過去に同じようなことがあったかどうか知るだけでも、物事の真価をはかることができるということになる。

たとえば、明治維新期に、岩倉使節団がアメリカ、イギリス、フランス、ドイツな

ど十二カ国を回ったということは誰でも知っていることだが、こうした表面的なところだけを見て、岩倉使節団を単なる西洋見学旅行かご挨拶回りと考えている人も多かろう。

しかし、西洋文明を実地見聞しようというアイデアは、当時としてはまことに途方もないものだった。

岩倉使節団では、岩倉具視《いわくらともみ》はじめ、伊藤博文《いとうひろぶみ》、木戸孝允《きどたかよし》、大久保利通《おおくぼとしみち》などの政府の指導者たちが、二年近くも国を留守にした。

言ってみれば、フランス革命成功のあとにロベスピエールやダントンが民主主義の勉強のためにアメリカへ、あるいは毛沢東や周恩来が共産主義の勉強のために、モスクワへ見学に行くようなものだ。

留守をしているあいだに、どんな政変が起こるかわからない。下手をしたら、もう二度と祖国に帰れないという事態も十分あり得る。明治の元勲《げんくん》たちは、そうした危惧も厭《いと》わないで二年近くも国を留守にし、みっちりと西洋文明を勉強したのだ。

こんなことをしてのけたのは、今日に至る世界史を見ても、私の知る限り日本だけである。

岩倉使節団にかけた明治の元勲たちの気概をうかがい知ることはできる。しかし、それが前代未聞だったと知ることで、もっと深くその真価を理解できるのである。

岩倉使節団とは反対に、先例があるからそう大騒ぎすることでもないという例もある。たとえば、皇室を尊敬する日本の制度がそうだ。

朝日新聞は、「日本は明治以降、一神教の国をつくろうとして悲劇を招いた」などと書き、暗に天皇制度を批判している。明言は避けているが、おそらく「一神教」とは、「天皇を頂点とした」ということだろう。

しかし、先例を探れば、これがあまりに荒唐無稽《こうとうむけい》な発想であるということがわかるのだ。

皇室を尊敬する制度は、ナショナリズムの核がそこにあったということにすぎない。テューダー王朝、スチュアート王朝、ハノーバー王朝のイギリスとなんら変わるところはないのである。あるいは、ブルボン王朝のフランスといってもいい。

言っておくが、ここでいうナショナリズムとは、国を思う気持ち、健全な愛国心のことである。

要するに、皇室を尊敬するということは、ナショナリズムの普通の形なのだ。それが可能だったから十九世紀後半に日本では維新による近代化が成功したのに、ほかの有色民族ができなかったのだ。

もちろん、ほかに例があろうがなかろうが、よいものはよいし、悪いものは悪い。しかし、あくまで一つの目安として、過去に似たようなことがあったかどうか、調べてみても損はない。

複雑な国家規模の問題は、実感が伴う日常レベルまで下げて考える

国際情勢や国際関係は、入りくんでいて複雑なものだ。いろいろな国が利益をめぐって争い、どの国と仲良くするかで国の運命が真っ二つに分かれてしまう。アメリカほどではないが、日本の政治も世論に左右されるところがあるから、国民もきちんと意思表示をして、自分の国を正しい方向に導くという意識を持つべきなのだろう。

しかし、一朝一夕で国際情勢がわかったら、誰も苦労はしない。専門家でさえ四苦

八苦しているのだから、ここは下手に国際政治の本に手を出すより、自分なりの考え方を見つけたほうがよかろう。

要するに、国際政治といえども、宇宙の果ての話ではないのだから、自分の日常レベルにまで下げて考えればいいのだ。

たとえば、米ソ対立の冷戦時代、アメリカとソ連のどちらにつくかは、どの国にとっても最重要問題だった。日本で安保闘争が起きたのもこのころだ。安保反対のデモに参加した人々は、日本はアメリカにつくべきではない、もっといえば、ソ連につくべきだと主張していたことになる。

そんな中、私はアメリカにつくべきだという考えを一度たりとも崩したことはなかった。

アメリカとソ連とどちらを選ぶか。その答えを見つけるために、私は、自分が一労働者としてどちらかに移民することを想定した。そして「ソ連には絶対に移民したくない、移民するなら断然アメリカだ」と思ったのだ。

もちろん、日米安保の内容が以前より日本に有利な内容になっていたという情報もあった。だが、やはり、ソ連とアメリカならアメリカに移民したいという実感が強かったのだ。

ところで、冷戦下の西ドイツには、共産主義を支持する人は皆無だったという。というのも、もし共産主義を礼賛《らいさん》するようなことをいえば、「ならば東ドイツへ移住すればいいではないか」と言われるのが関の山だったからだ。

当時、東ドイツの経済は逼迫《ひっぱく》し、文化も枯渇《こかつ》していた。西ドイツのほうが経済・文化ともに豊かに暮らせることは、誰の目にも明らかだったのだ。

私はあくまで、「移民するなら共産主義のソ連か、資本主義のアメリカか」と想定しただけだったが、陸続きで共産圏と隣り合わせている彼らにとっては、さらに実感を伴う選択だったのだろう。

何事も、自分の実感ほどあてになるものはない。複雑な国際政治といえども、そのことに変わりはないのだ。

実体をつかむコツは、「点」と「点」を結びつけて考えることだ

平成十四年、なんとも奇怪な出来事があった。アメリカの格付け会社ムーディーズが、日本政府が発行する円建て長期国債の格付けを二段も下げたのである。

その結果、イスラエルや南アフリカと同じランクとなり、一段階上にはチリやボツワナがいるということになった。先進国の日本が、新興市場国や発展途上国より下位に置かれたわけだ。

当時の日本といえば、貿易収支も世界一の黒字で、ＯＤＡ（政府開発援助）の実績

も世界一という国である。それが、ＯＤＡの受け取り手の国と同じランクに格付けされたのだ。

しかも、日本はアメリカに何十兆円と貸している。その債権国の国債が債務国の国債よりダントツ下に格付けされたのだから、どう考えてもおかしいと思うのが、普通の頭だろう。

しかし、おかしいおかしいと言ってみても、考えは前に進まない。

なぜこんなおかしなことが起きるのか、可能な限り推論を進めるのが、「考える頭」なのだ。

まず、日本の格付けを下げたムーディーズの本拠地、アメリカのビジネス界とは、一体どういうところなのだろうか。

日本の一部の経済学者の間ではアメリカ経済に対する無条件の信仰があるように感じるが、そこが盲点ではないのか。

というのも、ふたを開けてみると、アメリカのビジネス界のモラルが、おそろしく低いことがわかるからだ。

たとえば、日本でも大きく報じられたエンロンの事件だ。大手エネルギー会社のエンロンは、カリフォルニア州の電力自由化策の抜け穴をうまく利用して電力価格を操作し、巨額の利益を得るという大規模な詐欺を働いた挙げ句、破綻してしまった。しかも、あろうことか、アンダーセンという大手会計監査事務所が、共謀していたのである。

ほかにも、あるアナリストが、大手証券会社のメリルリンチが自社の有利なように情報を改竄《かいざん》して投資家に流したと訴えたのに対し、莫大な補償金を支払うという事件もあった。

後ろ暗くなければ、堂々と訴訟に臨んで嫌疑を晴らせばよい。

つまり、莫大な保証金を支払ったのは、スネに傷を持っていたからにほかならない。日本がアメリカに何十兆円ものお金を貸しているということと、目を覆わんばかりのアメリカ企業の倫理の崩れ方。この二つを総じて考えると、ある推論が導かれる。

つまり、日本の国債の格付けを極端に下げることによって、日本の株価や社債の値段、円の為替レートに影響を及ぼし、その隙を突こう、という戦略なのではないかということである。おそらくこれは、的確な推論であろう。

このように、いくつかの条件から推論を導けば、ある程度はことの実体がわかるものだ。ここではたまたま経済の話が例に挙がったが、どんなことを考えるにしても、同様である。

要するに、日ごろから「点」ではなく「線」で結びつけながらものを考えていれば、いたずらに情報に惑わされることもなくなるだろうということだ。

第三章

壁を乗り越えるための思考法

難しくてもいずれ面白くなるのが仕事、楽しくてもいずれ飽きるのが遊び

一昔前なら、大学を出たらどこかの企業に就職するというのは一般的な流れだったが、今はだいぶ違うようである。

フリーターの増加にも見られるように、学校を出てもすぐに正社員として就職しない若者が多い。さらに、「NEET《ニート》」族という、働く意欲すらないような人もいるが、それは問題外と言わざるを得ない。一口にフリーターと言っても、その内訳はさまざまで、役者やミュージシャンを目指しているというフリーターもいる一方、「何が一

番自分に合っているのかわからない」、「自分に本当に合う仕事を探している」というフリーターも多いようだ。

❖天職に巡り会うために

仕事に就く以上、社会状況がどうであれ、その職業がいったい何なのか、きちんと考えておかなければならない。

とくにそれが自分にとって天職と思えるかどうかということは、たしかに重要なことだ。自己実現という点で、考えるのと考えないのとでは、十年後、二十年後に、大きな差が出ることになる。

ただし、「何が自分に合っているのかわからないからフリーター」という論理の是非はともかくとして、天職を求める人々に、ぜひ言っておきたいことがある。それが、「難しくともいずれ面白くなるのが仕事、楽でもいずれ飽きるのが遊び」、というスイスの哲学者、カール・ヒルティの考え方だ。

本当の仕事というのは、真面目に夢中になってやれば、そこからの疲労は意外に早く回復する性質のもので、永続的な喜びが生じる。それに反して、遊びというものは意外に早く飽きと疲労がきて、またやりたいという気持ちになるまで時間がかかるものなのだ。

だから、自分が仕事とすることと、あくまで遊びとすることを、きちんと分けて考える必要がある。

たとえば、私は将棋が好きだが、毎日やる気はしない。私にとって将棋はあくまで遊びの一つであり、たまにやるから面白いのだ。

これが、プロの棋士となれば、そんなことは言っていられなくなる。寝ても覚めても将棋のことを考え、常に勝つことを目指さなければならなくなるのだ。それが仕事というものだ。

「好きなことを仕事にしている」というと、あたかもただ好きなことをして金をもらっていると思われがちだが、言うまでもなく、それが仕事になった時点で、遊びにはないシビアさをともなうものになっているのだ。

面白いかどうかで仕事を選ぶのは大事だと思うが、このことを理解しておかないと、最初は楽しくても、シビアな面にぶち当たると「この仕事は合っていない」などと言い、また次を求める、ということの繰り返しになる。

これでは、生涯、天職になどめぐり合えないだろう。その厳しさを甘んじて受けた先に楽しみを見つけられるかどうかが、見極めどころなのだ。

一昔前は、努力を積まなければ一人前の職業人になれないというのは当たり前のことだった。あまり努力しなくてもそこそこ食っていける今では、そういう考え方が薄れつつあるようだが、実は、仕事の本質は、昔から少しも変わっていない。

つまり、何の努力もせずに自分を伸ばそうとしても、それはできない相談だということだ。別の言い方をすれば、努力を積まなければ成就できないくらいのシビアさがあるからこそ、仕事というのは続ける価値があるということだ。

初めての仕事をするとき、従順であることが重要である

個性重視の風潮がやたらと振り回されている。まるで「個性」と言えば何でも許されるかのようだ。仕事をしているときでも、自分の個性をやたらと発揮したがる人は多いのではないか。しかし、仕事をするうえで、とくに入りたての下っ端《ば》ならなおさら、個性重視は邪魔になるだけである。

個性よりも大事なものは、従順さだ。「それは、上司にこきつかわれるきっかけになるかもしれないから嫌だ」と思ったかもしれない。だが、悪い言い方をすれば、そ

もそも仕事というのは、上司にこきつかわれてなんぼ、それで飲み込んでいくものなのだ。

もちろん、ベンチャー企業を自分で旗揚げするというのなら、話は別だ。大いに自分の個性を発揮すればいいと思う。しかし、ある組織、とくに大企業で働く場合、まず求められるのは、従順さなのである。

❖個性的な人ほど、新人のときは個性を抑えている

本当に個性的な人というのは、若いころの個性は極力抑えて、命令や訓練に徹する。そして、周囲の状況をじっと見て、自分の権限や立場がはっきりしたとき、その独特な考え方や価値観をどーんと出すものだ。

そして、新人時代にきちんと従順にしていたからこそ、そうなったときに自分で判断したり部下に適切な指示を与えることができるのだ。

それだけ、最初に従順であるということは大事なのである。

ぎゅうぎゅうと厳しくされたときは、その試練に耐えて命令に服したほうがいい。

一度始めた仕事なのだから、ここはまな板の上の鯉、と腹をくくって、とことん上司に尽くすくらいの気持ちを持ってちょうどいいくらいだ。「従順であること」は、何も上司にへつらってへこへこしなければならないということではない。これは、言い換えるならば「素直さ」だ。仕事のノウハウをまったく知らないまっさらな状態なのだから、従順であれば、どんどん仕事を飲み込んでいくことだろう。

だからこそ、しかるべき立場になったときに、「個性」を発揮できるのだ。

自分の意見と自分の人格を混同してはならない

人と議論することは、学生時代も社会人として実社会に出るようになってからもよくあることだろうが、一つだけ決定的に違う点を挙げるとするならば、こういうことが言える。

それは、学生のころの議論というのは、主張が通ろうが通るまいが実生活には影響を及ぼさない、あるいは「議論のための議論」であることが多い一方、実社会においては、全員があるシビアな目的意識があって議論しているということだ。

❖判断基準は、大目標を見ること

たとえば、学生時代の議論が、サークルの合宿先をどうするかということや、あるいは、社会の歪みに対する議論であるのに対し、会社での議論は、「こうすればもっと売れるのではないか」、「こうすれば品質がよくなるのではないか」というように、はっきりとした目的が根底にある。

ところが困ったことに、自分の意見に固執するあまり、それが否定されると自分の人格まで否定されたように思ってしまう人がいる。

そこで求められるのが、自分の意見にこだわらずに、目標達成という大目標を見ることだ。つまり、ほかにいい意見が出たら、自分の意見は、あっさりと引っ込めなければならない。

たしかに、自分の意見が却下されるのはいい気分がしないものだと思う。だが、それは、自分の人格が否定されたということではなく、ただ判断が違うということだと考えたらどうだろう。

はっきりとした、かつシビアな目的意識を共有した議論の場で繰り広げられるのは、「自己主張」ではなく、「判断主張」だからだ。

たとえば、「今はこういう状況だから、A社と提携したほうがいい」と主張したとしよう。これは、一般的には自己主張と言われるが、主張している内容は、「自分は状況をこう見る。だから、そう判断する」ということだ。

だから、却下されるということは、自己が否定されたのではなく、自分の意見の説得力が足りなかったにすぎない。このように考えれば、自分の意見が通らなくても、自我を傷つけられることはないだろう。

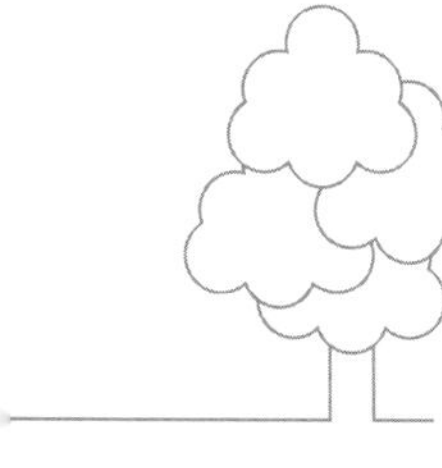

お人好しはマイナス要素だと思われがちだが、真逆である

仕事をする上で、頭がキレるということも重要だが、その一方で、人柄の良さも絶対に欠かすことのできない要素である。

人柄のいい人は、パッとした華々しさこそないけれど、長い間にだんだん周囲の人の信頼を得て、最終的にはかつがれてトップに立ってしまうということも少なくない。

反対に、あいつはいつ裏切るかわからない、ちょっと汚いことをする、野心家で他人を蹴落《けお》とすことをなんとも思わない、というような人は、だんだんに周囲の信用を

失って自然淘汰されてしまうものなのである。

人柄の良さで成功した一番の好例は、豊臣秀吉だろう。秀吉は、戦国時代には珍しいほどのお人好しだったのだ。

たとえば、織田信長が比叡山の焼き討ちを行なったときのことだ。同じく信長の腹心で切れ者と言われた明智光秀らの武将が、僧侶をも皆殺しにせよという信長の命令に忠実に従ったのに対し、秀吉が担当していた香芳谷《かぼうだに》だけはやや寛大で、ここから多くの男女が逃れ出て、多少の宝物も持ち出されたのである。

秀吉も恐ろしいほどの切れ者だったから、皆殺しにしようと思えばできたはずである。しかし、一般の僧侶や男女を殺しても仕方がない。それにもまして、秀吉は、元来は単純に人を殺すのが好きではない気質だった。それが、秀吉の人柄だったのである。

中国攻めのときもそうだ。敵は皆殺しにせよという信長の命令にもかかわらず、秀吉は無害の者は殺したくないという姿勢を貫いた。

このように無用な人殺しはしたくないということを、秀吉は何度も見せている。すると、秀吉というのは、めったなことでは人を殺さない男だという評判が立つ。九州があっという間に秀吉についたのは、こうした秀吉の人柄によるところが大きいと言っていい。

戦国時代という時代背景を考えれば異常なほどだった人の良さが、秀吉を天下人にしたのである。

❖中小企業経営者と大企業経営者の差とは?

これは、言うまでもなく、現代にも通じるものがある。生き馬の目を抜くようなビジネス界で、お人好しであることはマイナス要素だと思われがちだが、実はまったく逆なのだ。

たしかに、商売となれば、ときとして非情なことをしなければならないこともある。だが、それだけでは成功をおさめることはできない。

松下電器の創業者である松下幸之助氏は、そのことを体現した一人だろう。

一介の町工場から国際的な大会社を興していくまでには、販売店と絶えず争い、無用な販売店は切り捨てなければならないこともあろう。しかし、松下氏のやり方は、少し違った。

たとえば、共同出資していた商売がうまくいかなくなる。共同なのだから、損害は半々にするのが常套手段《じょうとうしゅだん》だ。ところが松下氏は、損害はすべて自分が負うから、この商売から手を引いてくれと交渉する。そして、後は自分で一から立て直していたのである。これでは、切られたほうは恨めない。

このように、商売とは非常に冷酷で厳しいものだが、その中で、どれだけ人の良さを発揮できるか。この点が、中小企業の敏腕経営者か、世界にはばたく大会社の経営者になるかの差を生んでいるのである。

しかし、けっして忘れてはならないのは、お人好しと意気地《いくじ》なしとは違うということだ。いくらお人好しでも、主張するところは主張しなければ仕事にならない。「あの人は仕事ができる切れ者だ。しかし、人はいい」などと言われるのが、一番理想的なのである。

広がる好奇心を満たすのは、三十代からでいい

幸いにして、天職といわれるものを見つけたとしても、広がる好奇心は大切だ。人間の幅も広げてくれるし、それが本業に生きることも大いにある。その意味でも、さまざまな好奇心は抑えつけないほうがいい。

これは、私のような学者にも同じことが言える。これは自分の専門に関係ないからと、興味の幅を狭めてしまう学者は多いが、好奇心を抑えれば抑えるほど知識が乏しくなり、専門の学問の幅も狭めてしまうことになる。発想がまったく逆なのだ。

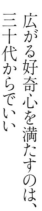

❖新たな分野に挑戦する人の共通点

その点、英文学者の福原麟太郎《ふくはらりんたろう》先生は、尊敬に値する。先生の全集を見ただけでも、取り扱うテーマがシェークスピアから何から、実に多岐にわたっていることがわかる。シェークスピアでも悲劇しかやらないという了見の狭い学者もいる中、この幅の広さは、何より先生が好奇心を抑えなかった証左《しょうさ》だと驚かされたものだ。同じことは漢文学の吉川幸次郎《よしかわこうじろう》先生についても言える。

それほど、好奇心は重要なものだが、しかし、どの時点で好奇心を広がるままにしておくか、という問題はある。というのも、あまり若いころから好奇心に流されるがままにしていると、かえって散漫になり、本業がおろそかになる危険があるからだ。

私は若いころ、福原先生や吉川先生のように意欲的に新たな分野に挑戦するような人の共通点を考えてみたことがある。その結果、ぼんやりとわかったのは、幅広く活躍している人のほとんどは、三十代で一度、自分の専門分野において一流の仕事をしているということだ。

おそらく、その経験があると、精神的に安定して、最初の専門外のことにも精力的に取り組み、確実にものにしていくことができるのだと思う。

かつて世阿弥《ぜあみ》は、四十歳以降は下るばかりだと言った。平均寿命が延びた現代なら、さしずめ五十代くらいだろうか。だから、三十代、遅くとも四十代の前半くらいまでに、たとえば学者なら、世界に通用するような業績を上げる。そして、一芸に達するまでのファイトと関心を維持しながら、次はそれをほかの方向へ向けていけばいいのだ。

だから、若いうちは、とにかく自分の道に専念したほうがよい。そして、三十代くらいまでにその道で一流の域に達したら、今度はほかの関心事を、少しずつ出して広げていけばいい。それが知識を広げるコツだ。

それまでは、専門外のことは、興味を抱いていてもそっと胸の中にしまい、温めておくことである。

借金をしたら、
約束の一日前には必ず返す

以前、大阪の清風《せいふう》学園という私立高校の平岡栄信校長と話していて、感心したことがある。

それは、この学校の建学の精神が「徳、健、財」だったことだ。建学の精神に「財」を挙げるのは、非常に珍しいことだと思う。

いかにも商人の町、大阪風だと言ってしまえばそれまでだが、お金の力を知っていればこそだろう。精神訓の多い校訓の中で、これは出色《しゅっしょく》だといたく感心した。

お金は重要である。使い方でその人の人間性までわかるほど、お金は人間をつくるものだ。

清風学園は、建学の精神に「財」を挙げただけあって、この点も行き届いている。平岡校長は、「お金はいいことに使いなさい」と常々生徒に言い、さらに「借金をしたら、約束の一日前には必ず返すように」と指導しているそうだ。これには恐れ入った。よく、どうせ返すのだからと、一日、二日と返済を先延ばしにして平気な顔をしている人がいるが、これは基本的な思い違いをしていると平岡校長は言う。

借りた金は返すのが当たり前なのだから、一番のポイントは、返す、返さないという問題以前にある。それは、お金に関してきちんとしているという信用を人から得られるかということだ。

要するに、きちんと期日までに返すかどうかが問題なのであって、期日を過ぎてしまえば、ただ「この人は信用できない人」とみなされるだけだ。だから、ことお金に関しては、一日過ぎたら、あとは何日過ぎようと同じなのである。

だからこそ、先生は「必ず一日前に返すように」と生徒に教える。期日を守るといっても、ギリギリでは相手に不安を与える。それが一日前ならば、相手はむしろ喜ぶはずだ。この人は信用できそうだという信頼を得ることができれば、後々のためにもなる。

これは、お金に限った話ではない。誰かから恩を受けたら、頼まれ事をされたら、約束をしたら……一対一の人間関係、人生すべてにおける方程式のようなものだ。

仕事も同様である。それこそお金の入金から受注された商品の納品まで、すべて一日前に済ませるようにすることが、相手との強力な信頼関係につながる。それればかりか、常に一日前を心がけていれば、自分にも余裕が生まれるのだ。

その両方の意味で、「一日前」は、仕事を面白くし、運を呼ぶための必須事項といえるのである。日々に忙殺される中で実行するのはなかなか難しいことだろうが、まずは心がけることから始めてみてはどうだろうか。

年季の入った職人の顔は、なぜ美しいのか

昔から「石の上にも三年」と言うが、これは仕事において非常に大事なことである。それくらいの辛抱をしなければ、何事も報われはしない。

この章の最初で、仕事のシビアさを乗り越えた先に面白みを見つけられるかが重要だと言った。だが、最近では、仕事の厳しさに三カ月も耐えかねる人が増えているようだ。

中には、三日で会社を辞めたと自慢する若者もいるそうだが、これなど、仕事が面

自いとか面白くないとか言える以前の問題である。たったの三日で、仕事の全貌がわかってたまるかというものだ。

たしかに、自分に合わないことが歴然としている仕事に就いてしまって、そこで無理に頑張る必要もないと転職を選ぶ人もいるのだろう。

しかし、これは憶測にすぎないが、多くの場合は単に辛抱ができないというだけなのではないだろうか。もしそうなら、いくら転職してみたところで、仕事は身につかず、結局は無為《むい》な人生を送ってしまうことにもなりかねない。

❖一つの技を磨き込む重要さ

年季の入った職人の顔が美しく見えるのは、やはり、自分の仕事一筋に、淡々と何十年も打ち込んできたからだろう。

一つの技を磨くのは、並大抵の努力で成し得ることではない。そこを辛抱して、ただひたすら一つのことに邁進《まいしん》していると、悟りのようなものが顔にあらわれて自然といい顔になってくるのではないだろうか。

職人に限らず、一つのことを長くじっくりやってきた人は、すべからくいい顔をしている。一つの仕事、一つの職業を続けることの、このような素晴らしい面も知っておくべきだろう。

簡単に職を変え、あっちで二年、こっちで一年などということをやっていたのでは、絶対にいい顔にはなれまい。

若いときは、そういうところにまで頭が回らないのも無理はないが、仕事をしていてもどうも落ち着かず、何か焦りを感じてしまうという人は、淡々と仕事を続けるとはどういうことなのか、考えてみるといい。

「モノより心」「心よりモノ」ではなく、「モノと心」が大事である

「心さえあれば」などとよく言うが、それを相手に明確に伝えるためには、やはりモノを添えるのが一番手っ取り早い。こんなことを言うと、即物的だとか、下心が丸見えだとか思うかもしれないが、それは違う。「モノより心」でもなければ、「心よりモノ」でもなく、「モノと心」が大切なのだ。

やはり、自分の心をモノで表現するというのは、非常に重要なことだと思う。

別れを惜しむ気持ちが餞別《せんべつ》となってあらわれ、世話になったという気持ちが土産の

かたちをとる。こうして、モノを添えることによって、自分の心を的確に相手に伝えることができる。そうすれば、人間的な関係をよりいっそう強めることができるのだ。

たしかに、お世話になって感謝はしているが、お礼の気持ちを品物に託すことができない、と言う人はいることだろう。しかし、気持ちや心は、相手には見えないという致命的な欠陥を持っている。いくら言葉で感謝していると言っても、相手には伝わらないこともあるのだ。

何も、礼に見合うだけの品物を贈れと言っているのではない。できるかぎりのところで、自分が思う最高の贈り物をすればいいのだ。そこに心があれば、高価なものでなくとも、気持ちはかならず相手に伝わる。ここでこそ、心がものを言うのだ。品物でなくても、手紙だってよいのだ。手紙を書く労力については、誰も体験があるからだ。

要するに、心は必ずかたちにしてあらわすべきもの、しかしかたちには決まりはないということだ。「長者の万灯より貧者の一灯」という言葉がある。これは、長者の虚栄心からくる多くの贈り物より、貧者の真心のこもったわずかな贈り物のほうが勝っているという意味である。

仕事の上で世話になった人に、社費で豪華な接待をするというのは、それはそれでいい。会社全体で、あなたに感謝していますという気持ちがあらわれる。

しかし、それとは別に、本当にお世話になったと感じているのならば、自腹を切って菓子折りの一つでも贈れば、心のこもった手紙でも出せばまた深い人間関係につながるのである。テクニックといえばテクニックだが、これは、自分の気持ちをより的確に伝えるためのちょっとした心がけなのだから、何もいやらしいことはない。

厳しいことを言うようだが、実社会では、見えないものはあまり信用しない。だから、気持ちをモノで表現する技を知っておくことだ。そうしないと、つまらぬ誤解を招いて、自分の知らないところで不信感を買いかねない。

ちょっとした素敵な贈り物の例を、私の経験から一つ挙げるとすれば、ある韓国人の男性が毎年贈ってくれた誕生日の祝電だろう。

もう亡くなられたが、その人は以前、私の家によく遊びに来ていて、そのたびに妻が何やかやともてなしていた。といっても大げさなことではなく、食事をご馳走したり、どこかへ連れて行ったりといった程度のことだ。

だが、これがよほど心に残ったのか、その人は毎年私の誕生日に祝電を送ってくれるようになったのだ。電報にかかるお金なんて、たかが知れている。だが、私は毎年とても嬉しくその電報を読んでいた。

また、非常に義理堅い人だと信用できたから、家族で一年間イギリスに行ったときには、この人に家の留守番を頼んだ。不時の出費のために郵便局の通帳と印鑑まで預けた。毎年の電報が、私に彼をそこまで信用させたのだ。

感謝の気持ちをきっちり祝電というかたちであらわし、しかも、それを毎年忘れずに律儀《りちぎ》に続けるような人こそ、大人の社会では信用されるのである。恩を受けたら、礼状を書く。時節の挨拶は欠かさない。こういうマメさは身につけておいたほうがいい。

大成したいならば、まず気配りより〝頭配り〟を身につけること

仕事をするうえで気配りするのは当たり前で、できないのは人としてたいへんマイナスであるかのように思われている。たしかに、仕事上、相手を慮《おもんぱか》ることは大切だが、私は、若いときには、気配りよりも先に「頭配り」を身につけることをすすめたい。

というのも、あまり若いうちから気配りばかりに気をとられると、往々にして卑屈になるからだ。相手を傷つけるのではないか、不愉快な思いをするのではないかということばかり気にしておどおどしてしまう。相手の反応を気にするあまり、はっきり

だけ主張できない。こうなってしまうと、気配りはもはや美徳ではなく、ただ卑屈なだけだ。

❖頭を周到に使う方法を心得ておく

こんなことに気をとられるよりも、もっと頭を使う訓練をしたほうが、よほど成長できる。

気配りばかりが先行して、仕事の段取りがおろそかになるようでは、元も子もない。それより、まずは頭を周到に使う方法を心得ておかなければ、社会人としては通用しないのだ。気配りは、その先の問題である。

たとえば、仕事で世話になった人に謝礼を払うべきかどうか判断するのは、頭配りの問題だ。払う必要のないところに過分な謝礼を払ってしまったり、払うべきところにまったく払わなかったりするのは、社会人としての知力が欠けていることになる。だから、まず、こういう判断を的確にできるよう知力を磨く必要がある。

交渉相手が何を考えているのか読むのも、頭配りの問題だ。相手の提案は、自社にとっても有利か、相手は自分に何を求めているのか。

こういうことは、いくら気を配っても出てこない。やはり知力を鍛え、頭配りを覚える必要がある。

これができるようになって初めて、気配りの出番がくる。

今の例で言うならば、謝礼をむき出しでポイと手渡すのではなく、のし袋に入れ、気持ちを込めて手渡す。交渉決裂だとしても、相手の身になって断る言い方を考える。

これが気配りだ。

頭を使うのに長《た》けている人でも、しばしば人の感情に無神経になることがある。そうならないために、気配りが大事になってくるというわけである。

企業はとかく競争し合うものだが、そこでも、頭配りあってこその気配りがものを言う。

同業者がお互いにしのぎをけずる場合、知恵を絞って戦略を立て、勝たなければ生き残れない。しかし、勝つということは、言うまでもなく、ほかの同業者を不愉快にさせる。

そこで、同業者に気を使ってせっかくのチャンスを逃してしまうようでは、ただ頭が悪いだけだ。しかし反対に、ガツガツと業績を上げたうえ、相手の感情を慮《おもんぱか》らないで心無いことを言うようでは、やはり未熟と言わねばならない。気配りに欠けていたために同業者に嫌われ、いずれ痛い目に遭う可能性すらある。ここで、利益を少し還元したり、情報を分け与えるなどすれば、その先も順調に業績を伸ばせることだろう。

気配りだけでは大きな仕事はできないから、まずは知力を鍛えることが必要だ。かと言って、知力だけでも、人の恨みを買って後々失敗する可能性がある。だから、頭配りを覚えたうえで気配りを添え、そのバランスをうまく取ることが、社会人として大成するポイントになるのだ。

大成した人は、失敗の原因を常に自分に求めている

たとえば、アポイントメントを取っていたのに、相手の不注意で会えず、商売をしくじったことがあるとしよう。

そこで、「自分が確認の電話を入れなかったからだ」と、まず自分が責任を感じる人は、ゆくゆく大きな成功を収める可能性がある。相手に会えなかったのは自分のせいだと思えば、次から事前の確認を欠かさないようになり、そうすれば、二度と同じ不運にめぐり合うことはなくなるからだ。

反対に、「約束を忘れた相手が悪い」と責めるばかりの人は、その先も、繰り返し同じ不運に見舞われる可能性が高い。責任を自分に求めないために、先手を打っておくという発想ができないからだ。

もちろん、この場合は、約束を忘れる相手が圧倒的に悪い。しかし、それをいくら嘆いてみたところで、しくじってしまったことに変わりない。「相手がいけない」と言っても、何の利益も上がってこないのだ。ならば、たとえ相手が悪かったとしても、「自分でそれを防ぐことはできなかったのか」と考えたほうがよほど建設的ではないか。

だから、つまずいたり、運の悪い状況に陥ったときには、常にそのあらゆる原因を自分に引き寄せて、自分でなんとかできたはずだと考えてみることが大切である。

❖運命の糸を引く人の手は、血だらけである

幸田露伴《こうだろはん》は、こんなことを言っている。

「成功した人と成功していない人を見ると、成功した人は失敗した原因を自分に求め

る。悪い運を引いたのは自分の手であると考えるから、その手は血にまみれている。ところが、失敗ばかりしている人は、手が痛むようなことをせず、手がきれいだ」

けっして他人のせいにせず、自分の責任で運命の糸を引く人の手は、痛み、血だらけになっている。何かにしくじるたびに、自分で何か打つ手がなかったのだろうかと、痛いほど自己を省みる。

しかし、あらゆる失敗を人のせいにして知らん顔をしているような人は、手から一滴の血も流していない。失敗を自分の責任として捉えず、自らの責任において運命の糸を引いていないのだから、痛いはずがないのだ。

どちらがより成功に近いかは、言わずもがなであろう。

第四章

世の中とズレを感じたとき

疑問なく流行に乗るのは、失望のタネをまくことに等しい

人の世に流行はつきものである。それがファッションや音楽ならばともかく、昨今は、職業にまで流行《はや》りすたりがあるように思う。だが、就職活動をする時期にたまたま流行っていたという理由で、何の疑問もなくある業界に飛び込むのは、じつに危険なことである。

身内の話になるが、私の義兄がその不幸な一例である。

戦中、優秀な飛行機乗りだった義兄は、戦後、鉱山技師になる道を選んだ。石炭は

戦後日本の経済復興を支える要《かなめ》であり、鉱山技師の一回分のボーナスは、学校の先生の一年分の給料を上回るともいわれていた。まさに当時一番〝ホット〟な職業だったわけだ。さて、体も丈夫で頭もよかった義兄は鉱山技師の学校を難なく卒業し、一流の鉱山会社で技師として働きはじめる。しかし、そのころすでに鉱山産業は下火となっており、間もなく閉山となってしまったのだ。

ありていに言えば、義兄は、時代の波を見誤ったということだろう。

反対に、時代を的確に見極めて先取りして成功した例もある。大学を放り出してコンピューター・ソフトの開発に没頭し、巨額の財を築いたビル・ゲイツは、その好例である。しかし、ビル・ゲイツに続けとばかりにソフト関係の仕事に就いた人のすべてが、彼のように甘い汁を吸うことができたわけでなかった。現に、今やその給料が、驚くほど低くなっている人もある。

最先端の職業であるにもかかわらず、なぜこんなことが起きるかというと、アメリカのほとんどの企業が、優秀なソフト開発者の多いインドに仕事を外注してしまうからである。

このように、流行の職業でも思わぬ要素によって境遇が変わるということもあるのだ。本当に好きで選んだのなら、多少の苦境は我慢できよう。しかし、皆が目指していたから、なんとなく〝今っぽい〟からという理由で選んだのなら、たちまち失望することになってしまう場合が多い。不平不満の中でちびちび続けるか、また一から仕事を探すか――いずれにせよ、その人にとって大きなロスになることは間違いない。

だいたい、常に変わっている世の中で、いつも流行に乗ろうというほうが無理なのだ。一生のうちに一瞬でも乗れたらラッキー、というぐらいに考えたほうがいい。そして、我が身を振り返り、じっくりやれそうなこと、さまざまな流行の波が何度押し寄せようとも飽きずに続けられそうな道は何か、じっくり考えてみることだ。

流行に飲まれたばかりに貴重な時間を無駄にするのなら、ある程度は運に任せるくらいの気持ちの余裕を持って自分の好きな道を選んだほうが、はるかに充実した人生になる。

時代が変化するとか、バスに遅れるな、などと言われても、そのようなことに足をすくわれないことが大切なのだ。

明治維新を成し遂げた日本人のDNAを振り返る

世の中の変化なんて気にするなと言われても、変化に乗れない人を落伍者とするかのような論調が跋扈《ばっこ》する中、そう簡単にはいかないのかもしれない。

ならば、自分たちの祖先たちは時代の波をどう乗り越えてきたか振り返ってみてはどうだろうか。戦後の歴史教育は日本人の功績に重きを置かないようにできているが、過去の業績を見れば、日本人の変化に対する優れた対処能力は一目瞭然である。

その最たる例は、やはり明治維新だろう。当時、西洋の近代文明を自家薬籠中《じかやくろうちゅう》の物にせんとした有色人種国は、日本だけである。島が動くかのごとき巨大な黒船に彼らは仰天したが、すぐに恐怖心より好奇心が優《まさ》ってしまった。

現に、黒船の乗務員の一人は、船にやってきた日本人たちについて「これほど何にでも触れたがる人種は初めて見た」と、なかば呆《あき》れ気味に書き残している。さぞかし驚くだろうといろいろな機械を見せるのだが、見たこともないものを次々と目にした日本人は片《かた》っ端《ぱし》から触りまくり、中には懐紙《かいし》を出してスケッチし始める者までいたそうだ。

もちろん、最後まで旧時代の「文武」と「農」にこだわった西郷隆盛のように、急激な変化に馴染《なじ》めなかった人もたくさんいた。しかし、総じて見れば、日本人は変化を受け入れるのが非常にうまい。

中国やインドといった過去の優れた文明国までが白人諸国に屈したことを考えれば、驚異的と言っていいだろう。その後、日本は日清戦争、日露戦争と二度も大きな戦争に勝ち、民主主義も独自に発展させた。

また、太平洋戦争では完膚《かんぷ》無きまでに潰されたが、戦後すぐさまアメリカに飛んだ日本の産業人が先頭となって奇跡的な経済復興を遂げた。

この奇跡の復興は、のちのち一二〇カ国にも上る世界中の発展途上国の手本となった。というのも、いちはやく日本型システムを導入した台湾や韓国が揃って成功したからである。

日本の成功だけならば、日本は別格と片づけられていたかもしれない。しかし、旧日本領であったほかの国まで日本にならって成功したとなれば、「ならば我らも」とばかりに多くの国が続くのは、自然な流れと言えよう。

日本は戦争に負けたが、その後半世紀あまりをかけて世界のトップに躍り出たのだ。そして、すべては、日本人が時代の変化に臆せず、自然科学でも産業でも、あるいは政治制度でも、優れたものは積極的に取り入れようという画期的なことをしてのけた結果である。

今は変化の時代だ、乗り遅れるなとマスコミなどは騒ぎ立てるが、それほど心配することではない。急激な変化と言っても、明治維新や敗戦に比べれば、たいしたことはないのだ。

時代とは、いつも「大きな曲がり角にさしかかっている」のである

私が学生のころ、ふとしたきっかけで「音楽界は今、大きな曲がり角にさしかかっている」と言うラジオ放送を耳にしたことがある。そのときはなんとはなしに聞き流したのだが、それから三十年あまり後、今度もラジオで「音楽界は大きな曲がり角にさしかかっている」と言うのを聞いた。

そうすると、二、三十年もの間、音楽界は常に曲がり角にあったということである。

屁理屈だと思うかもしれないが、これは、ある意味で、時代というものの核心を突

いていると思う。「大きな曲がり角」といっても、おそらく、直線の時代があった末に曲がり角に差し掛かっているということではない。常に曲がっているものなのだ。

たとえば、たしかに敗戦というのは日本にとって大きな曲がり角だったが、振り返ってみるとその後もじつにさまざまな曲がり角があった。高度経済成長、オイルショック、バブル経済、バブル崩壊、平成不況……。これまでの曲がり角を、こうしてあとから振り返ってみると、ほとんどいつも曲がっていることがわかる。

直線の時期など、皆無《かいむ》に等しいのではないか。そして、それはかならずしもマイナス要素ではない。曲がり方によっては、大きく躍進できることもあるのだ。敗戦直後、日本は四流国と言われても仕方ないという評論家も多くいたくらいの国だった。しかし、敗戦に続き、高度経済成長という曲がり角を曲がりきったとき、マスコミは、よくしたり顔で、「時代は大きな曲がり角にさしかかっている」などと、さも時代が急速に転換しているようなことをいって不安を煽った。だが、何ら惑わされることはない。時代はいつも曲がり続けているのだから、いたずらに変化を恐れても仕方のないことだ。

どっしり構えて適応する力を養い続けていればいいのである。

世間に飲まれたくないと思ったとき、プライベートな空間は重要である

周囲に流されたくないと思う人にとって、人目や世間体ほど煩《わずら》わしいものはあるまい。気にせずにすむなら、どれほど楽かと思うのだが、ついつい人が自分をどう思っているかが気になってしまうというジレンマに悩む人も少なくないことだろう。

それらを見事に吹っ切って、完全にマイペースで進む人もいると思うが、多くの人にとって、人目や世間体は、そう簡単に逃れられるものではないのだ。

どうしても気にしてしまうという、根本的な性質を変えるのは、たいへん難しい。

だから、性質ではなく生活を変えて、比較的気にしなくてもすむような環境をつくる。まずは、そこからだ。

それには、プライバシーの確保を徹底することである。プライバシーとは、ある程度は自分で防御する努力を要するものなのだ。

日本人はとかく世間体や人目を気にすると言われるが、しかし、幸いなことに日本は、外国に比べて格段にプライバシーの確保が簡単なのである。

というのも、日本人には「家」はあくまで「内」という感覚が強く、元来、他人を家に招いてもてなす習慣があまりないからだ。人の好き好きで呼んだりすることはあろうが、ホームパーティが社会儀礼化している欧米に比べれば、はるかに「家」は閉ざされたものなのである。

❖閉じこもれば、誰にも邪魔されない

ハマトンという人が書いた『知的生活』という名著がある。この本は、イギリスの中産階級のあいだで、スターリンやヒトラーの恐怖がヨーロッパに起こるまで半世紀

以上にもわたって読み継がれていた。それはなぜかというと、人目を気にしない生活、知的な空間のつくり方について書いているからだ。

たとえば、本が好きな人なら、六畳一間でも自分の書斎を持って、そこに閉じこもって愛読書を読んだり、物を書いたりする。音楽が好きならば、集めたレコードを聴いたり、楽器を演奏したりする。

自分の書斎を持つというのは、イギリスの中産階級向けだから、若干、非現実的なところがあるかもしれない。しかし、要するに、そこに閉じこもっている限りは誰にも邪魔されない、完全に自分だけの世界をつくれるような空間を持てばいいという話なのだ。

家族と住んでいても、誰にでも一人になれる空間、時間はあるだろう。一人暮らしなら、なおやりやすい。

自分の部屋を、住まいを、努めてプライベートな空間とする。そういう場所があれば、息抜きにもなるし、心静かに物思いに耽《ふけ》ることもできる。人目も世間体も、そこでは一切関係なくなるのだ。

世間からドロップアウトしたいなら、確固たる実績をあげる気概を持つことだ

人目や世間体から自分を守るということを述べたばかりだが、人目や世間体を気にするのも程度問題であって、かならずしも悪いことではない。人目や世間体に飲まれて、自分が何のために生きているのかわからなくなるようではダメだということなのだ。

とかく人目、世間体とは煩わしいものだが、たとえば、「人並みの生活をしたい」というのは、当然の努力目標である。何も悪いことではない。

しかし、中には、自分を縛るものの一切が嫌でたまらず、人に何といわれようと、自分の思うとおりに生きたいという人もいる。

とはいえ、「人並み」からただハズれるだけでは、単なる非常識な人間として軽蔑されるだけだ。どうせハズれるならば、どんな生き方をしていようと周囲から尊敬されるような確固としたものを築かねば意味がないのではないか。

心底自信があるか、本当に才能があるか、どちらかでなければ、結局「世間体」から逃れられない。なまじ半端《はんぱ》にハズれただけに、受け入れられず、はじかれ、押しつぶされる。これは悲惨である。

だから、人目や世間体からドロップ・アウトするならば、そこから自分なりに構築していくしかない。ドロップ・アウトしてからの再建、アウトロー化しての再建である。そうして、「あの人は人目を気にせず好きなことをやっているけれど、大変な人物なのだ」といわれるくらいの大人物になるのだ。

学習院院長や文部大臣を務めた哲学者の安倍能成《あべよししげ》さんという先生がいる。この人は、豪胆な人柄で知られ、結婚披露宴に出席すると、かならずぐうぐうといびきをかいて寝てしまったそうだ。

しかし、安倍先生には、絶大なる功績がある。だから、周囲の人も「安倍先生はそういう人なんだ」と、誰も非難しない。つまり、安倍先生が何十年もの歳月をかけて積み上げてきたものは、常識はずれな行動をも容認させてしまうほど、素晴らしいものだったということだ。

これが業績も何もない人で、「人目は気にしない」などと斜に構えて常識はずれな行動を取れば、単なる礼儀知らずとしてつまはじきにされるだけなのだ。

だから、たとえば絵を描くのが好きで、周囲が高校、大学と進み、企業に就職していくなかで、高校に行かずに絵を描き続けたいというのならば、「中卒」というレッテルに縛られることのないくらい、その世界で名を成す努力が必要だ。

それくらいの気概があって初めて、世間体から真に自由なアウトローになる道筋が開けるのである。

周囲とズレを感じるのは、自分のモノサシを持っているということである

みんなと同じつもりなのに、なんとなく言動がズレている。大きなズレではないのだが、何かがそぐわない。こんな感覚を持ったことはないだろうか。

周囲と一緒でありたいと思っている限り、この「ズレ」は、大きな悩みだろう。しかし、私に言わせれば、ズレがあるということは、自分なりのモノサシを持っているということにほかならない。だから、自分を押し殺してまで周囲とのズレを消そうとするよりは、むしろそのズレを大事にしてほしいのだ。

❖私の「ズレ」は確固たる自分の「常識」

ズレといえば、この私がそうである。

私は昔から、常識のない男だと言われてきたし、自分でもそう思っている。

つまらないことだが、中学に入って初めての英語の試験で、私は落第点を取った。これは、英語をやり始めたばかりの学生に、難しい単語のスペリングの問題など出るはずがないという勝手な思い込みによって、まったくスペリングを覚えようとしなかったからだ。

ほかの教科でも、同じようなことがたびたびあった。要するに、周囲の常識から少しズレていたのだと思う。

しかし、読書はたくさんしていたから、同級生が知らないようなことをたくさん知っている。ただし、そうした知識は、学校の勉強とはまったく嚙み合わないものばかりだ。

こうして、嚙み合わないことだらけの中学時代を、「おかしい、おかしい」と思いながら過ごしたわけだが、私はけっして自分を押し殺してまで周囲に合わせようとは思わなかった。

だから、ズレている感覚は完全には消えず、その後、大学に入ってからも、社会に出て大学に就職してからも、どこか周囲と噛み合わない自分を感じてきた。そして、今でも周囲との微妙なズレは感じている。

だから、周囲に「常識のない男だ」などと言われるのだと思うが、それが社会生活に支障が出るほどでないことはわかっている。

だから、この「ズレ」は私が構築した確固たる自分の「常識」、自分なりのモノサシだと思っているわけだ。

もし違和感を抱いたら、世間の常識より自分の感覚を信じる

常識だと言われるとそれだけで鵜呑《うの》みにしてしまう人がいるが、これはとても危険なことである。常識というと、動かしようのない共通認識のように思えてしまうかもしれないが、じつは、これほどあいまいで移ろいやすいものはない。

たとえば、今は当たり前になっている「地動説」も、「天動説」が常識だった時代から見れば、とんでもない考え方だった。「地動説」を唱えたガリレオ・ガリレイは、それを踏まえて宗教に口を出したために宗教裁判にかけられたのだ。今は「地動説」

が常識だが、「天動説」も成立しうると考えてもよい。ただ天文学の計算が複雑になるだけだ。秒速何十キロもの速さで弧を描いて動く地球の上に、大気や動物が乗っているという事実は「天動説」のほうが説得力がある――という発想もあるのだ。

「常識」とは絶対的なものではなく、時代その他のさまざまな状況によって変化する、非常にあいまいなものである。だから、「常識」を何の疑問もなく受け入れてしまうと、そのときどきで考えが変わる、主体性のない人間になってしまうのだ。

常識は、疑ってかかるくらいがちょうどいい。自分の感覚で見て違和感を抱いたならば、あいまいな「常識」より、その感覚を信じることだ。

同じことが、権威にも言える。偉い学者や有名な論説者が言っていると、なんとなくそういうものかと思ってしまうものだろう。しかし、常識と同じで、権威も絶対的なものではない。偉い学者が言っていることが正しいとは限らないのである。私は日本人騎馬民族説で高名な学者の話を若い時に聞いたことがある。しかし日本の『古事記』『日本書紀』の伝承・神話には、馬に乗った英雄や神様が出てこない。その点を質問したら、「ええっ、そうだったかな、困ったな」と言ってその話は終わってしまった。一世を風靡《ふうび》した学説はその後あまり聞かれなくなったようである。だから、そこには、かならず自分の目というフィルターが介在すべきである。言ってみれば、自分の生活感覚や実感をもって、権威を一度〝裸〟にし、評価しなおす癖をつけるということだ。

読書の場合も、乱読しようと、一つの思想に絞って読もうと、どちらでもいいが、一つ忘れてはならないのは、常にこの種の批判精神を持つということだ。そういう視点さえあれば、自ずと理解力も深まる。そして、著者の思想を鵜呑みにすることなく、自分の頭で取捨選択できるというわけだ。

批判精神と言うと、難しく聞こえるかもしれないが、要するに、納得できないものは納得しないという姿勢を持つということである。いかに権威のありそうな人が言おうと、当たり前の常識であろうと、自分の生活感情、つまり自分の本音の部分でそれを見ていくことが、大切なのだ。

こうしてはじめて、自分の意見がはっきりしてくる。それでこそ、周囲に流されない「考える頭」と言えるのである。

建前と本音が
渦巻いているのが世の中だと心得る

いかに常識と言われようと、権威がしたり顔で語ろうと、自分の感覚を大事にする。それでこそ、周囲に流されない自分なりの「常識、モノサシ」が形づくられる。

それにはもう一つ、本音と建前が渦巻いているのが世の中だと認識することも重要だ。どんな人にも、本音の部分と建前の部分がある。その内容を的確に見抜くことは難しくても、そういうものだと思っているだけでも、だいぶ人や物事を見る目が違ってくるはずだ。

❖物事の本質は、本音の部分に隠れている

私の場合でいえば、子どものころから、本当の生活とはどういうものかを知っていたことが大きい。

幼いころから、大人の生活感覚、つまり本音の部分をずいぶん見せつけられたことが、徐々に私に「本音を見抜く力」をもたらしたのだろうと思うのだ。

たとえば、一般的には、農民は純真なもので商人はズルいものだというイメージがあるように思うが、私は田舎で生まれ育った生活感覚から、かならずしもそうではないことを知っていた。農民のズルさやしたたかさを目の当たりにしてきたからだ。

また、私の家は田舎でも豊かなほうではなかった。月末になれば借金払いに苦労し、それでも、一つ季節を越すとホッとするというような状態だった。私はまだ子どもだったが、子どもながらに、親のホッとする雰囲気は感じていた。

だから、世に出て「農民は純朴で、山奥でのほほんと農業を営んでいる」というイメージがあると知っても、それに飲まれることなく、自分自身の感覚のほうが正しい

と思えたのである。

むしろ商業、実業の成功者に正直な、信頼できる、親切な人が多かったというほうが実感である。

こういう地盤で生きてきたから、生活感覚から物事を判断する力が多少は養われたのではないかと思う。社会の常識や、自明の理とされていることからズレたときに、無理に自分自身をそちら側に迎合させる必要はない、という信念が育ったのだ。

常識は、いわば世間の建前の部分だ。物事の本質は、しばしばそうした建前の部分ではなく、本音の部分に隠れているものなのである。

本音と建前が渦巻いているのが世の中だという認識が、周囲に流されない上で大切だという意味は、ここにある。

お金に対して、貪欲になっていい

「お金」は、誰もが欲しいものだろうが、「お金が欲しい」と声高に言うと、眉をひそめられる。不思議なことだが、それは、「金目当て」だとか「成金」だとか、お金というものにとかくつきまとう汚いイメージゆえだろう。

とくに、日本ではそれが強いように思う。お金の話は野暮《やぼ》、下世話とされ、育ちのよい人ほど、お金の話はしないように、あるいは極力ぼかすように躾《しつけ》られるそうだ。

しかし、これほど日常に密着し、暮らしを左右するものが、ほかにあるだろうか。

「お金は力」などと言えば、たちまち「金の亡者《もうじゃ》」だのと揶揄《やゆ》されるだろうが、実際、お金は力なのである。

そして、お金の力が発揮されるのは、何も時代劇の悪徳代官が手に入れる賄賂《わいろ》のような汚い部分だけではない。使いようによっては、生活の充実度を格段に上げてくれる、非常にポジティブなお金の力もあるのだ。

たとえば、「自由」がそうである。というのも、私自身が、お金の力によって自由を手に入れた経験があるからだ。

私は学生時代に、奨学金を得てドイツに留学したことがある。

日本にいるときは、文字どおりの貧乏学生で、いつも生活費や教科書代をどうやって捻出するか頭を悩ませていた。それが、ドイツに留学することになったとたん、この心配がなくなった。まさしく奨学金のおかげで、生活の心配、お金の不安がなくなったわけだ。

もちろん、ありあまるほどもらっていたわけではない。しかし、少なくとも生活の心配がなくなり、また、留学生の身では働こうにも働けないということもあったため、勉強し、遊ぶしかないという状況になったのである。

　このとき私は、本当に「何の心配のない自由」というものを実感した。生活の不安がなく、自由に勉強し、精神を自在に飛翔させて遊ぶ。自由とは、こんなに楽しいことなのかと、初めて思ったのである。

　とかく自由というと、何やら非常に高踏《こうとう》的で精神的な要素によって語られがちだが、私はドイツ留学での経験から、自由というものもお金に大いに左右されるものだということを知った。

　今の世の中、「自由」は、誰の手にもあるもののように思える。名目上とはいえ、宗教や表現など、たいていの自由は法律によって保障されているし、自分の努力次第で職業の選択肢は無限大に広がる。

　しかし、さらに日常的で実際的なレベルの自由となると、多分にお金に左右されるものなのだ。経済的な不安のあるところに、自由は存在しにくいといっていい。

　フランスの実存主義哲学者で、文学者のジャン・ポール・サルトルは、「貨幣は私の力をあらわす」と言って、お金の重要さを説いている。ドイツには、「財が多ければ友も多い」ということわざがあるくらいだ。

わかりやすい例で言えば、お財布の中に千円あるのと、十万円あるのとでは、日常の考え方が違ってくるだろう。買えるもの、食えるもの、できることの選択肢の幅が、まったく違うからだ。

自分の生活をより充実させるためならば、お金に対して貪欲になっていい。よく、「お金なんてなくても……」などと言う人がいるが、それは、私から見れば「武士は食わねど高楊枝」のようなやせ我慢、もっと言えば、持たざる者の妬《ねた》みに聞こえる。

お金は、ないよりは絶対にあったほうがいいものなのだ。戦国の武士たちは「石《こく》高《だか》」にこだわった。「石高」は戦力につながるからだ。やせ我慢の美は、江戸泰平の世の浪人の負けおしみで、武士そのものが不要になったころの話である。

「わかったつもり」という思い込みこそ、成長を止める危険因子である

上智大学に勤めていたころ、毎年、入学試験の面接で苦笑していたことがある。「愛読書は」と聞くと、学生の三人に一人ぐらいが、きまって「夏目漱石」と答えるのだ。

なぜ、この返答に苦笑してしまうかというと、私が漱石を読みはじめたのは、大学三年生のころ、文系の学生としてはもっとも遅いほうだったからである。どうして、そんな年齢になるまで、漱石を読まなかったのか。どうしても面白いとは思えなかっ

たからだ。

〝意思〟の力で本を読むのは、勉強の本だけと決めていた私は、文学作品に関しては、自分が「面白い」と思うものしか読まなかった。だから、高校卒業のころまで読んだ本にはかなり偏《かたよ》りがあった。

なにしろ、講談全集や落語全集、そして、大好きだった佐々木邦《ささきくに》という作家の全集は表紙が擦《す》り切れるまで読んでいるのに、夏目漱石や森鷗外などは、一冊も持っていないという具合だったのだ。

それでも、大学に入って最初の夏休みに、漱石の『草枕』を読んでみた。

しかし、非常に薄い本であるにもかかわらず、最後まで読み通すことができなかった。

どうしても面白いと思えなかったのである。

それが大学三年生のころ、教育実習で神楽坂のあたりを毎日歩き、上京して初めて「東京」というものを感じて以来、俄然、漱石が面白くなった。

神楽坂は、漱石が住んでいたあたりからそれほど遠くない。それまで知らなかった

「東京」を肌で感じ、東京のインテリの体験をつづった漱石の小説がわかるようにな
ったことが、私の中の、漱石を面白いと思うようになったきっかけだったわけである。

愛読書に漱石を挙げる受験生が嘘を言っているとは思わない。

おそらく、中学か高校のころに読みはじめて、それなりに面白いとは思ったのだろう。

しかし、私が大学三年生で感じた面白さとは違うのではないかと思えてならない。

たとえば、『我輩は猫である』は、中学生の必須読書本のごとくなっているが、そこで繰り広げられているのは、当時の漱石が、寺田寅彦《てらだとらひこ》や森田草平《もりたそうへい》などを相手にして実際にしゃべっていたのと同水準の会話である。

それを、中学生や高校生が読んで、心から面白いと思えるだろうか。ひょっとしたら、彼らは漱石を愛読したと思い込んでいるのではないか。こんな危惧さえ抱いてしまう。

❖「わからない」ということを恐れてはならない

なぜ私が、ここまでこの問題にこだわるかというと、この「愛読したつもり」、「わかったつもり」という思い込みこそ、周囲に流され、自己の成長を止める危険があるからだ。

私の恩師である佐藤順太先生は、わからないことをわからないと、はっきりおっしゃる方だった。

この先生を神の如く崇《あが》めていた私は、「わからない」ということを恐れなくなった。

つまり、自分の実感を一番のよりどころにしたということである。

だから、漱石も大学三年生で面白いと思うようになるまで読まなかったし、難しいことをわかったように話すのが一種のトレンドだった大学でも、わからなければ、はっきりとわからないと言った。

わかったつもりになっていることからは、何も学べない。

ただ、周囲に合わせて知ったかぶりをしているだけでは、なにも得るものはない。

知識であれ何であれ、人の中に何か蓄積されるとき、そこには、かならず自分自身の「わかった！」という実感があるものだからだ。

だから、しっかりと自分の頭で考え、面白いと思うもの、ぞくぞくするほどわかったと思うものを着実に積み上げていけば、そのすべてが、自分の血肉となるのである。

読書にせよ、勉強にせよ、何にせよ、この己に対する忠実さが、真に人を成長させるのだ。

わからないものをわからないとし、わからないという状態に耐え、本当にわかったものだけをわかったことにする。周囲に流されない、考える頭を養うためには、この決意が不可欠なのである。

第五章

重要な判断をしなくてはいけないときに

衝動的判断は、十中八九間違っていると心得る

大学で英語の教師をやっていて、非常に面白いと思ったことがある。

英文を訳させると、できない生徒は、決まってパラパラと見て知っている単語があれば、そこからパッと訳し始める。文脈などあまり考えず、知っている単語があると片っ端から訳していくのである。

一方、できる生徒は、読むにしたがって次々と勝手な解釈が出てくるのを抑え、まずひととおり文脈を追う。わかる部分から始めたいという衝動を抑え、知っている単

語があっても文脈からじっくりと捉《とら》えなおしているようである。

英語の訳文ばかりではない、ディスカッションでも、こう主張したいという衝動にかられることはよくあるが、できる人ほど、そこで少し抑え、冷静にデータなどの裏づけを検討してから発言するようである。

人が発言しているときに、ちょっと自分の意見と相違があると思うとすぐに割り込みたくなるのはわかる。しかし、ここでぐっと抑えて、この人の意見にも一理あるかもしれないと考えるのが、大切である。アホらしい思いつきで笑わせるのはテレビのショー番組だけと思ってよい。漫才には漫才の効用がある。しかしショーや漫才は特別の世界である。人を笑わせたり、あっと言わせれば成功という世界だ。普通の人生を歩む人にとっては異質である。そこを間違えてはいけない。

即断即決を否定するつもりはない。まるで天からの声が聞こえたかのように、直感が働くこともある。

だが、文脈を追わずにわかるところから訳す、あるいは、前後の脈絡や人の意見など気にもせず自分の主張を繰り広げるなど、自分に対する甘やかしのような衝動は、あとから後悔することが多い。それは、直感とは程遠い、ただの短絡思考でしかないのだ。

学生のうちは許されても、社会人ともなれば、甘やかされた衝動はますます抑えねばならなくなる。衝動的な人ばかりだと、組織がめちゃくちゃになってしまうからだ。

たとえば、入社いくばくもない社員で、「この会社は能力を高く評価してくれない」と言って辞めてしまう人がいるが、これも、自分を甘やかしているにすぎない。

もちろん、その人が辞めたことで会社の売り上げが極端に下がり、倒産の危機にさらされるようなことになれば、その人は正しかったと言えるのかもしれない。

しかし、その人一人辞めたところで彼らの日常が変わらないとなれば、この衝動的な判断は、まったく役に立たなかったということだろう。道を誤らないためには、こういう幼稚で短絡的な衝動に飲まれないよう、心がけることだ。

自分の本音をきちんと押さえることは重要である

いくら誠実さを装っても、人にはかならず本音と建前がある。まずは、このことを大前提と考えなければなるまい。そのうえで言うならば、自分の心の本音と建前を見極めることこそ、誠実に生きることにつながると言える。

建前と本音を分ける、自分に対する正直さを持つと言ったほうが、わかりやすいだろうか。自分に誠実であるということは、人にも誠実であるということだ。

子どものころの話だが、私は、「これが本音というものだな」と実感したことがある。

日米開戦後間もなく、日本軍が勝ちまくっていたころの話だ。連戦連勝のニュースが入ってくる中、私は、「オレは、この日本の男の子なのだ」というプライドみたいなものに浸っていた。

しかし、そういうプライドを持ちながらも、一方には「絶対に戦争には行きたくない」という気持ちがあった。つまり、こちらのほうが、私の本音だったわけである。こういう本音を自覚したときに、初めて本当に国のために命を捧《ささ》げた人に尊敬の念と感謝の気持ちが生ずるのだ。

おそらく、一見するところでは、建前のほうが美しい。そして誰しも、自分の中のズルイところや、建前では割り切れないような本音には、目を向けたくないものなのかもしれない。まさにそれ故に自分の本音をきちんと押さえることは、自分を確立するためにも、他人に左右されないためにも、重要なことである。「周囲がなんと言おうと自分はこう思う」とわが道を行く強さを身につけるためにもこの自覚が出発点になると思う。

真似をすることは恥ずかしいことではない。
大事なことは結果である

一般的に、人の真似をするというのは、独創性に欠ける恥ずかしいことのように思われている。しかし、大事なのは、真似をしたという事実ではない。そこから得た結果なのである。たとえば、日本の明治維新は、ヨーロッパの猿真似だったと言われる。一部の人々のあいだでは、鹿鳴館外交は、似合いもしないフロック・コートやドレスを身に着けた日本人が無様《ぶざま》なステップを踏んだと物笑いの種になっているくらいだ。

しかし、そこから日本が得た結果は、どんなものだったか。

短期間であっという間にヨーロッパをしのぐ国力をつけ、アジア最大国シナ、そしてイギリスさえ恐れをなしていた軍事大国ロシアを破ったではないか。ヨーロッパの真似をした日本は、一躍、アジア唯一の列強《パワーズ》としてその名を世界に轟《とどろ》かせることになったのだ。このような明治維新の例をはじめ、日本という国は、外国の真似をして成功してきた国と言える。

しかし、真似は真似でも、ただの猿真似ではない。真似に自分たちのアイデアを付加することで大成功を収めたというパターンが、非常に多いのである。

たとえば、半導体の原理を最初に発見したのは、アメリカのベル研究所である。しかし、当初、彼らはその原理をどう活用していいかわからなかった。それをラジオに活用することを考えついたのは、ソニーである。

液晶にしても同様のことが起きた。アメリカは、何十年も前に液晶の原理を発見していたが、やはりどう利用していいかわからなかった。そこへ日本で電卓競争が起き、微量のエネルギー消費で済む液晶に目が向けられたというわけだ。

電池式は燃費が悪い上に、かさばる。しかし、今や当たり前になっている液晶電卓は、ポケットに入るくらい小さく薄い。これは、すべて日本人の知恵である。

このように、基になる発明や発見は外国にあったが、それにプラスα《アルファ》のアイデアを加えて実用化したのは日本人だった、という例ばかりなのである。

自動車にしても、アメリカを抜いたときには「所詮はアメリカの物真似のくせに」と相当なバッシングを受けたが、口惜しかったら、ホンダ、あるいはトヨタのような車をつくってみろというものだ。

もうおわかりだろうか。これこそが、日本の「オリジナリティ」なのである。これら燦然《さんぜん》と輝く成果の数々を目にしてもなお、「日本は物真似の国だ」と嘲笑するのなら、それは相当なひねくれ者ということだろう。ほかを真似るのは、恥ずかしいことではない。結果として、真似のおおもとが成し得ないような成功を収めたのなら、それは自分の力、自分のアイデアだと胸を張っていいのだ。

西洋でもキリストの教えが広まったのはキリストの生まれた国ではない。同じように大乗仏教が盛んなのはインドでなく日本であり、日本独特の仏教までである。日本人は真似にとどまることのない創造力に富んだ民族であると胸を張ってもよいだろう。

自分が本当にやりたいための苦労は、「楽」に通じる

どこで読んだかは忘れてしまったが、非常に感心した話がある。

鉄砲撃ちの名人に、ある人が「地面にいる鳥と、高い枝に止まっている鳥、どちらのほうが撃つのが難しいですか」と尋ねた。

すると、名人は、こう答えたという。「地面にいる鳥も、高い枝に止まっている鳥も、どちらとも撃つには同じくらいの集中力と技量がいる」。

素人考えで見れば、地面にいる鳥のほうが撃つのが簡単そうだが、実際に要する集

中力と技量は同じ——素晴らしい教訓を含んでいる話である。

つまり、一見難しそうな目標を持っても、そこへ到達するのに必要な努力は、一見容易そうな目標とさして変わらないということだ。逆に言えば、一見たやすそうな目標も、難しそうな目標を達するくらいの努力が必要だということだ。

要するに、目標が高かろうが、低かろうが、必要な努力は同じということなのである。

ならば、より高い目標を持ったほうが得というものだろう。

これは考えてみればわかる。

平凡な人生、平凡なサラリーマンといっても、会社では上司から、部下から、同僚からそれ相当のプレッシャーを受け、取引先からはいろいろと難題や苦情を持ち込まれ、家では家族の問題もあるに違いない。

さらには、リストラの心配もあるし、自分ひとりの身ではないから、しっかりした収入の口を確保しておかなくてはならない。これはこれで、苦労の多い人生である。

では、一見すぐにはかないそうもない大きな目標を持っている場合はどうか。

乗り越えなければならないハードルはたくさんある。だが、その達成感たるや、平凡な生活とは言いながらもいろいろな問題に小突き回される人生より、はるかに大きいのではないか。

こちらのほうが生きがいもあるし、自分が本当にやりたいことのための苦労なのだから、総じて言えば、むしろ、結局は楽なのではないか。どの道、苦労するのならば、高い目標を持ったほうがいいというのは、こういうことなのである。

人は、理想や目標を掲げ、それを目指して生きていこうとするものだ。しかし、目標が高すぎて失敗するのではないかという不安にかられたり、紆余曲折《うよきょくせつ》の中で目標を見失ったりしがちである。

理想や目標に関して、どのように考えたら、きちんと自分の進む道を定め、選択を誤ることなく進めるだろうか。これは、誰もが悩むことなのではないだろうか。

そんなとき、冒頭に挙げた鳥撃ちの名人の話を思い出してほしい。目標が高かろうが低かろうが必要な努力は同じだと思えば、一見難しそうな目標に、くじけることもなくなるだろう。

壁にぶつかったとき、人は情熱を傾けて「できない理由」を探すものだ

私が小学校六年生のときの先生の教えで、今までずっと守ろうと努力してきたことがある。それは、「できない理由を探すな」ということである。

何か「これは」と思うものをやろうとするとき、人は二つの壁にぶち当たる。それは、自分の能力の壁と環境の壁である。

能力の壁とは、自分の問題、いわば「内なる壁」と、いっていいだろう。努力次第でどうとでもなる場合もあるし、ならない場合もある。

環境の壁とは、自分の置かれている状況が、その目標に向かって進むことを阻んでいるということである。金銭的な問題や、両親が反対しているといったケースが考えられる。「内なる壁」に対比させるなら、これは「外なる壁」と言える。

さて、こうした壁にぶつかり、それがちょっとした努力では乗り越えられそうもないとき、人はたちまち無条件降伏してしまいがちである。できない理由を探し始めるのは、こういうときだ。

その熱心さたるや驚くべきものである。その情熱をやりたいことに注げば、内的な壁も外的な壁もたちまち崩れ去ろうというほどだ。しかし、壁にぶつかっていくことを恐れ、失敗を恐れるがゆえに、人は挑戦することをやめてしまうのである。

❖辛い経験こそ、自分の血肉となる

専門分野を本格的に勉強するために、外国の大学に行きたいと思ったとする。当然、さまざまな苦労を強いられることだろう。慣れない外国での生活、金銭面の問題、勉強の辛さ……。しかし、そこでさまざまな悪条件をあげつらって、やはり無理だと諦

めては、結局なにも得ずに終わってしまう。

そこで、もろもろの悪条件を乗り切ることは、ただ平凡に国内で勉強をつづけるよりもはるかに自分のためになるし、その辛い経験は、結局は自分の血肉となる、こう考えるのである。

物事を簡単に諦めるという傾向は、最近の若い人によく見られることである。それは、一つのことに真剣に取り組んだことがないために、臆病になっているだけなのではないか。

「できない理由」など、探し始めたらきりがない。そんなことを言っていたら、なにもできなくなってしまう。

ならば、「できない理由」、すなわち諦める口実を探すより、「やれることに着手せよ」と言いたい。

「心配すること」を「考えている」と思い込むのは、大きな間違いである

人生で、心配したことの八〇パーセントは起こらないという。

人生には、大小を問わず、いろいろな心配事がある。心配し始めたらきりがないほどだ。しかし、その大部分は杞憂《きゆう》に終わるものらしい。こう考えれば、闇雲に心配することはなくなるのではないだろうか。残り二〇パーセントが現実になったとしても、それはそのときだ。どんと構えていればいいのである。

そして、不思議なことに、そういう前向きな気持ちでいると、残り二〇パーセント

もたいてい現実にならずに済むものらしいのだ。

ときには、自分の力ではどうにもならないこともあろうが、大方は、気の持ちようでいくらでも防げるものなのである。

世の中には、「心配すること」を「考えること」と思っている人が多いように思う。しかし、考えるとは、闇雲に心配することではない。直面している問題について、建設的な考えを積み重ね、先の歩み方を編み出すことである。

❖闇雲な心配は、下手な碁を打つに等しい

考えるにつけ、人生とは、おおむね碁のようなものだと思う。少なくとも、似たところは多々ある。

碁では、下手に打てば大きな石がすべて死ぬという場合がある。反対に、打ち方さえうまければ、つまらない石まですべて生きてくる。

これを人生に置き換えて言えば、とてつもなく大きく目数の多い碁盤で碁を打っているようなものであると言えよう。人生経験の良し悪しは、常にこれから打つ石によ

って、つまり、その先の一歩の踏み出し方によって決まるということだ。

どんなに辛いことでも、きちんと建設的に考えれば前に進む道筋が見える。今までは無駄に見えていたことでも、考え方次第では、これから生きていく糧《かて》とすることができると思うのである。

そういう視点で見ると、闇雲に心配することは、下手な碁を打つに等しい。

打ち方によっては、直面している難問が、これまで知らなかったような教訓となるかもしれないのに、ただ「どうしよう」と心配しているのだとしたら、まったく無駄であるとしか言いようがないのだ。

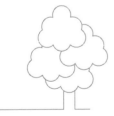

メディアで流布される成功体験談に、躍らされてはいけない

十数年前にアメリカ式経営方法がある種のトレンドになったころから、転職が当たり前になった。年功序列や終身雇用は「古い」とされ、多くの企業がそれらを廃止する中、一つの会社にずっといるメリットが薄くなったと捉えられ始めたからだ。

今は、アメリカ帰りの経営者が終身雇用を宣言したキヤノンなどに影響されるかたちで、少しずつ日本的経営も見直されているが、転職ブームは一向に衰える様子を見せない。

就職情報を載せる雑誌やインターネットでも、転職専門のものが増えたように思う。キャリア・アップ志向を否定するつもりはない。自分の目標に向かって、着々と職歴を重ねていくことは、むしろ好ましくも思う。ただ、問題なのは、この転職ブームに流されて、「なんとなく転職してみようか」などという発想を持った場合である。先述の転職専門の雑誌などには、転職して成功したという体験談がたくさん載っている。そういう記事を目にして、「転職すれば成功する」という単純思考に陥っているのではないか。

要するに、自分の進む道を自分で選択していないということである。

転職が流行《はやり》だからといって、あるいは転職してうまくいっている人がいるからといって、本当に成功するのはほんの一握りであるということは、肝に銘じておいたほうがいい。

❖自分で決めるという覚悟こそ、大事

最初のころは水を得た魚のように生き生きと仕事をしているようでも、結局は社内

の派閥の外にいたために出世できなかったという例も多くある。

一方、飛び抜けた才能があるわけではないけれども、真面目さと努力だけを取りえに堅実に勤めているうちに、内外の信用を得て上りつめることもある。

要するに、最後の結果を見てみないとわからないのだから、当面において成功しているという例を多く見ても、惑わされないことだ。

周囲の人が華々しく転職していくからといって、それに左右されているのでは、自分の道を見誤ることになる。

今いる環境が辛かろうと、それが辛抱に値するかどうか決めるのは、周囲の流行ではなく、自分自身なのである。

そう覚悟を決めてこそ、わが道が見えるのだ。

「無欲」であることは、素晴らしいことなのか?

「お金なんてなくても……」と同じくらいよく耳にするのが、「別に何も名を残さないで死んでもいいい」というような言い分だ。

自分さえ人生に満足していれば、有名にならなくてもいい。名声を求めるのは、俗人の発想だ。なるほど、一見、もっともなようである。立派にも聞こえる。

清貧の美徳という価値観がある日本では、「無欲」であることは、非常に達観した素晴らしい考え方であるかのように捉えられている。

しかし、だからといって、まったく自分の将来に関して「無欲」であっていいものだろうか。

私はそうは思わない。結果はどうあれ、「君子たるもの、世に名が聞こえるようになりたい」という志はなくてはならないと思うのだ。

この志もないまま「自分は無名で終わってもいいのだ」などと言うのは、単なる無気力に、「欲がない」という衣を着せているだけのように見える。何にも挑戦できない自分の臆病さを、本気で頑張ることをバカにすることで、ごまかそうとしているのだ。

名声を求めるのは、傲慢《ごうまん》ということではない。したがって、「謙遜」と相反するものでもない。「世に名が聞こえるようになりたい」というのは、健全な念願である。大志を抱いてこそ、人は成長し、失敗しながらも自分の道を見つけていくものだからだ。

❖志を抱くそのことが重要

結果論として、名前が残らなくてもいい。一番のポイントは、自分の人生に対して志を抱くということそれ自体にあるのだ。

カトリックの聖人でも、最初は「聖人になりたい」という志を持つのだそうだ。そのうち、本当に聖人になれば、そんな志と関係なく謙虚になるのだが、少なくとも、信心のはじめには聖人を志す人でなくてはならないのである。

何も信ぜず、初めから諦めて求めないのでは、何も与えられない。探さなければ、何も見つからない。門も、叩かなければ開かれないのである。

しかたなかった選択。それは「何かのご縁」と考える

〝でもしか先生〟というタイプの先生を知っているだろうか。

大学に入ったはいいが、これといった専門分野も究《きわ》められず、大手企業にも入れなそうだから、仕方なく、教職課程を取れば誰でもなれる先生になった、という人のことだ。「でもしか」とは、すなわち、「先生にでもなるか」、「先生にしかなれない」の意味である。特に敗戦直後あたりに流行した言葉である。

こんなことを言うと、現職の先生たちにたいへん失礼だが、そういう「でもしか」

先生が多くいる時代が、かつてあったのである。

第一志望の企業に採用されなかったなど、自分の希望が叶わず、仕方なく手ごろな選択肢を選ぶということも、ときにはあることだろう。「でもしか先生」になぞらえて言うならば、「でもしか選択」である。しかし、そこですべてに対して投げやりになるか、前向きに受け止めるかでは、ゆくゆく雲泥《うんでい》の差が出てくるのだ。

これは、私が身をもって学んだことでもある。職業を選ぶ際に、私に付随するさまざまな要因が絡んで、選択肢がぐっと狭《せば》まったからだ。

一つは、体力の問題である。戦時中、ほかの少年たちの例に漏れず、私も学徒勤労動員に駆り出された。その内容といえば、農業の手伝いや堤防の土木工事、工場の工員など、要するに肉体労働ばかりである。

私は、これが嫌で嫌でたまらなかった。この経験から、私は、体を使う職業には向かないということを、肌身で知ったのである。

もう一つは、メガネである。私が若いころ、企業はメガネをかけた人間を避ける傾向があった。

銀行をはじめ、一流の会社になればなるほど、肉体にできるだけ問題のない人間を採用していたからだ。一流の会社に限らず、中小企業にもそういう傾向があった。戦争直後、特に人気のあった銀行などは、親の資産まで選考条件に入れていたが、この点でも私はダメなことがわかっていた。

こうしてダメなものを消去していくと、あとに残っているのは、教職の道くらいだったのである。

そこで私は、はじめから教職を志して「これも何かのご縁」と考えて、出身の上智大学で勤務しはじめ、今に至っているというわけだ。

自分の意志と異なるからといって状況に逆らうだけでは、一向に前進しない。人生には、どうしても抗《あらが》いがたい運命ともいうべきことがある。ならば、「これもご縁」と前向きに考えたほうが、よほど身のためになるのだ。

「気張らない」ことの重要性

何か新しいことを始めるとき、つい張り切って過密なスケジュールを組んでしまったりしがちである。しかし、そうなると、長続きしないものだ。気合が三カ月も続けばいいほうで、次第に自分に課したスケジュールに追いつけなくなり、息切れしてしまう。

ダイエットや英会話、スポーツジム通いなどが長続きしない人は、往々にしてこういうパターンが多いのではないか。

私は、書道や真向法《まっこうほう》（体操の一種）を趣味としてやっているが、書道も、真向法も三十数年も続いている。

そう言うと、「大学の講義に自分の研究、加えて精力的に執筆活動もしているのに、よくそんな時間がありますね」と驚かれる。だが、コツはただ一つ、「気張らないこと」だ。

私は、「毎日かならずやらなければならない」という強制的な考えを自分に課さないようにしている。いつも、「できるときにやる、できないときはやらずにすませる」という姿勢なのだ。無理をしないほうが、物事は長続きするからである。

こんな調子でやってきたからこそ、書道も真向法も長続きしたのだと思う。

「できないときはやらずにすませる」のだから、当然、休むことも多い。だから、プロから見れば大したことはないのだろうが、それでも三十年も続けていれば、そこらの素人よりは上手になるし、そこそこ自信もついてくる。まさに、「継続は力なり」である。

ある年の正月に、私の書道の先生とその門下の書道展が開かれたときは、私の色紙を、とある書道界の道具屋さんが買ってくれたこともあった。また私の書を事務所に掛けたら景気がよくなったと言ってくれる方も何人かある。

真向法も、齢傘寿《よわいさんじゅ》を過ぎた今も、股を開いてヘソから顎《あご》まで畳につけることができる。

これも、数日のブランクを置くとできにくくなり、また少し時間をかけて練習するうちに挽回《ばんかい》するということの繰り返しだった。だがこれも、気楽に構えていたから長続きしたのである。もし毎日練習するというノルマを課していたら、たちまち音を上げていたことだろう。本職以外のことはそれぐらいでないと続かない。

禅宗でも、「悟らなければならない」と思っている限り、悟れないのだそうだ。それと同じことである。要は、続けることに意味があるのだから、「やらなければ」という強迫観念に縛られないほうがいいのだ。

のらりくらりと、でも長続きして、それなりの力をつける。これも、わが道を行く方法の一つなのである。

第六章

幸運を呼ぶ思考法

幸運は、準備された心に味方する

意志は強いのに、運が悪くて幸せになれない、諦めずに努力して幸せを待っているのに、一向に幸運に恵まれないと嘆く人がいる。

だが、実は、運は常に私たちの身近にある。それも、ただ漫然とそこにあるのではなく、波や風のように、変幻自在に形を変えながら私たちの目の前を漂っているのである。ラジオの周波数のようなものだと言ってもいい。となれば、何もしなければチャンスは頭の上をスースー通り過ぎるだけだ。アンテナを張りめぐらせ、周波数を合わせる努力をしなければ、チャンスを捕らえることはできないのである。

ノーベル賞受賞者の話を聞いていると、「偶然」という言葉がしばしば登場する。二〇〇二年に受賞した田中耕一《たなかこういち》氏や、白川英樹《しらかわひでき》氏にしても、田中氏と同年に受賞した小柴昌俊《こしばまさとし》氏にしても、ニュアンスの違いこそあれ、「偶然」が大きな発明、発見につながったと話している。しかし、その発見や発明が「偶然」だったからといって、彼らが偉大ではないと考えるのは間違っている。

世の中には、彼らの受賞に一度は沸いたものの、「よくよく聞いてみれば、なんだ、偶然だったのか」と嘲笑《ちょうしょう》するような人や、あるいは、偶然がめぐってきた彼らをただうらやむ人がいるようだが、そういう人は、運や偶然に関して、根本から間違っていると言わねばならない。

なぜなら、むしろ、運や偶然を味方につけたことにこそ、彼らのすごさがあるからだ。彼らはチャンスを捕らえるアンテナを広く張りめぐらせ、感度を鋭く保っていた。人一倍、それどころか人百倍ほど強く願い、飽くことなく努力を続けてきたからこそ、彼らのアンテナの感度は常に鋭く保たれ、結果、運を呼び込むことができたのだ。

白川氏や小柴氏や田中氏は「偶然」と口を揃えてはいるが、そこに至るまでには、長い長い研究期間があった。彼らにしてみれば、その偶然に遭遇したのは、以前から続けていた研究の一つの成果なのであって、まったくの偶然の産物ではないのだ。

——Chance favors the prepared mind. ——Louis Pasteur.「幸運は準備された心に味方する」とパスツールも言っている。リンゴが落ちるのを見た人は何百万人もいるがニュートンの場合は、長い間、天体の問題を考えていたのである。

何もしなければ何も得られない。多く積み重ねるほど、素晴らしい偶然にめぐり合う確率は高まる。つまり、ノーベル賞受賞者の多くが口にする「偶然」とは、数々の失敗や試行錯誤を繰り返し、それでも諦めずに強い意志で目標を追究した結果なのである。強い欲求や理想を持つ人と、そうでない人の違いはここにある。欲求のある人は、常にチャンスを待ち構えて、自分のアンテナを可能な限り広く張りめぐらせているものなのだ。

意志はあるのに、努力はしているのに、と嘆いている人は、自分のアンテナがチャンスをつかまえるに十分な感度を保っているか、もう一度よく点検してみるといい。

徳川家康から学ぶ、運を「待つ」姿勢

「果報は寝て待て」ということわざがある。運というものは人力ではどうにもならないのだから、焦らずにじっと待て、という意味だ。

意志を強く持ち、努力を続ける人がチャンスを摑《つか》むということはすでに述べたが、彼らとて運を操れるわけではない。やれるだけのことをやりながら、やはり、運に対してては「待つ」ことしかできないのだ。つまり、別の言い方をするならば、問題は、その「待つ」ときの姿勢なのだ。「寝て待て」とは、じたばたするなという意味だが、

文字どおり寝て待つようでは、永遠に運を摑むことなどできない。この待ちの姿勢いかんで、運がめぐってくるかこないかが大きく分かれるのだ。

それは、偉大な成功者を見てもわかる。たとえば、徳川家康がそうだ。

家康は、本質的には気の短い性格で、若いころはだいぶ無茶なこともした。しかし、家康が偉かったのは、途中で人生のスパンについて考えたこと、つまり、長い人生、無茶ばかりやってはいられないと気づいたということ、そして、チャンスを待つ姿勢がよかったことだ。

先を見据えた家康は、秀吉が死んだら自分の時代になると考え、秀吉の朝鮮出兵のころからそれまではそれほど興味も示さなかった書物を猛然と読み始める。『論語』『中庸《ちゅうよう》』『六韜三略《りくとうさんりゃく》』のようなシナの古典や唐の太宗《たいそう》の『貞観政要《じょうがんせいよう》』などを藤原惺窩《ふじわらせいか》に講義させ、思想や政治の知識を培い、鎌倉時代の史書『吾妻鑑《あずまかがみ》』を読みふけりながら、この先の幕府のあり方に思いを馳《は》せた。

「いずれ天下を」ともくろむ野心家ならば、根回しをするなどいろいろと動き回って当然だろう。しかし、家康は、軽挙妄動《けいきょもうどう》は必要ないと見た。無駄な争いはせず、じっと秀吉のやることに従いながら、淡々と知力を養ったのである。また鷹狩りで身体を鍛え、薬や食事にも特別の注意を払い続けた。

「待つ」というのは、たしかにイライラするものだ。とくに若いうちは、見切り発車で行動したり、無鉄砲なことをしたりもするだろう。しかし、そういう軽率な行動が、運を遠ざけていることもあるのだ。イライラするのは、よくわかる。私も、アメリカ留学に失敗したときなど、このままチャンスがめぐってこないうちに死んでしまうのではないかなどと考えて、ゾッとしたものだ。

しかし、生乾きのうちに中途半端に行動せず、もう少し固まるまで待つ。そういう人のところには、「待ったかいがあった！」と言えるような運が転がり込んでくるものなのだ。私も、じっと待った末にドイツ・イギリス留学という素晴らしいチャンスに恵まれた。

とはいえ、すでに述べたように、文字どおり寝て待つようでは、運を見過ごすことになる。長い人生、じっと待つべきときはあるものだが、待つあいだにけっして腐らず、自分を磨き続けてこそ、運を掴むことができるのだ。

回り道を強いられたときこそ、目標を失わないことである

フランスの思想家、ヴォルテールは「運命は人を愚弄《ぐろう》する」と言ったが、個人の力ではどうにもならない大きな波に弄《もてあそ》ばれることもあるだろう。多くの人は、この波に抗《あらが》わず、波に身を任せる。そのほうがずっと楽に生きられるからだ。しかし、次々に襲う波に身を任せるうちに、気づいてみたらとんでもないところに流されてしまう。

これに対して、強い意志で幸せを求め続けている人は、どんなに大きな波に流されようと、自分の求める幸せの灯台を見失わない。道なき道に踏み込み、どんなに深い

森に分け入ろうと、目標を見失わないための印は常に地図で確認しているものなのだ。

ナポレオンは、「道を見失わないためにという理由で、いつもまっすぐ進む必要はない」というようなことを言っている。もちろん、軍を率いてどこかの地点に向かう際、最短距離で到達するには、まっすぐに進むのが一番だ。しかし、途中には必ず道を阻《はば》む川があり、山があり、谷がある。そのようなとき、目標さえ見失わなければ、どんなに曲がっても、また一時的に後戻りしても大丈夫だということだ。

目標を実現できる人とそうでない人がいるのは、意志の強さや努力の量だと言ったが、これはつまるところ、どんなに紆余曲折《うよきょくせつ》を経ようと、目標の光を見失わないでいるかどうかの違いだろう。生きているとさまざまなことがあるから、目標に向かって常にまっすぐ進めるとは限らない。すぐそこに目標達成が見えていても、回り道を強いられることもあるだろう。その中でも諦めずに目標を追い求められるか、その時点で投げてしまうか。これが、成功する人としない人の違いなのである。

そうやって目標を見失わずに努力を続ける人のところには、必ず天の一角から「助けのロープ」が降りてくるものなのだ。

敗者になったときこそ重要な「グッド・ルーザー」の思想

物事には、引き際というものがある。せっかくいい結果を残してきていても、引き際が見苦しいと、その印象だけが残って、後々の幸運を逃すことになる。そればかりか、それまで残してきた成果も疑われかねない。

とはいえ、身を引くという行為は勇気のいることだろう。いつ引くのかというタイミングをはかるのも難しい。そうしているうちに、何やかやと理由をつけてその場に居座ろうとしてしまうのだ。

だが、周囲の人はそんなところまで慮《おもんぱか》ってくれない。いつまでも意地汚く頑張っているように取られ、非常に見苦しく思われる。とくに日本は、引き際の美しさに深く感銘を受けるお国柄であるように思う。

引き際の潔さというと、私は吉田茂を思い出す。吉田の自由党は、第一次吉田内閣のあと第二党に落ち、替わって社会党が第一党となる。このとき、連立政権ならば自由党は政権を保つことができたのだろうが、吉田は潔く身を引いた。「第一党が政権を取るのが〝憲政の常道〟である」というのが理由だ。

こうして社会党の片山内閣が成立するのだが、〝憲政の常道〟という吉田の言葉は、全国民に好印象を与えた。吉田はまったく美しい引き方をしたものだと、国民の評判になったのである。だから、一九四八年に第二次吉田内閣が成立すると、国民はみな安心して政権を任せた。その後、吉田内閣は一九五四年まで続く長期政権となったわけだが、これも、第二党に落ちたときにゴタゴタごねずにさっと身を引いたことが、「クリーンな男、吉田」という印象を残していたからだろう。

ちなみに、吉田は若いころにイギリス大使を経験している。だから、文明国イギリスでは、第一党が政権を握るというルールがあることを知っていた。

と言っても、イギリスでも、連立政権が成立したり崩れたりが続いて、政権が不安定な時期があり、第一党が政権を握るというルールが成立したのは、十九世紀後半のことである。〝憲政の常道〟と言った吉田は、イギリスのそういったいきさつを、大使時代を通してよく知っていたのだ。だから、第二党になるや、変な画策などせずに潔く身を引いた。それが結局、その後の長期政権をもたらしたと考えれば、まさに吉田は負けて勝ちを取ったということだろう。

これが、英語で言うところのグッド・ルーザー（good loser）、つまり、負けても怒ったりしょげたりせず、潔く引く人になれという思想である。

負けたりダメだとわかったなら、潔くそれを認める。敗者なら敗者らしく堂々としていればいい。十分に戦ったのなら、自分を卑下することはない。

昔から「勝敗は時の運」というように、勝つときもあれば負けるときもある。だから、負けたからといって、相手を憎むのはナンセンスである。負けたのなら潔く負けを認めて降参すればいいだけのことなのだ。

「自分はツイている」という
自己暗示が、幸運を呼び込む

運を呼び込むためには、「自分はツイている」という思い込みも重要である。

明治から昭和にかけて活躍した政治家、高橋是清《たかはしこれきよ》は、この「自分はツイている」という思い込みで幸運を呼び込んだ人の例の一つだろう。この人の伝記を読むと、子どものころから自分は絶対に運がいいはずだと信じ込んでいたことが、よくわかるのだ。

高橋是清は、幕府の御用絵師の子として江戸時代に生まれ、その後、仙台藩の足軽の養子となった。晩年、「ダルマさん」と呼ばれた是清だが、幼いころからコロコロとした可愛らしい子どもだったという。

ある日、神社で遊んでいると、たまたま伊達家の奥方が神社にお参りに来た。小さな是清は、身分の高い人であるにもかかわらず、ものおじせずにニコニコとして近寄って行った。その姿がなんとも愛くるしかったため、奥方に可愛がられ、翌日にはお屋敷にも呼ばれて殿様にも可愛がられるようになったそうだ。それが機縁でアメリカに行くことになった。

こういうことがあったため、是清は自分には運がついていると思うようになった。そして、それが、彼の活躍につながるのである。

たとえば、日露戦争の資金調達のためにイギリスを訪れたときのことだ。

千万ポンド必要なところ、イギリスからは五百万ポンドしか引き出せなかった。普通ならば、落胆しきって顔色も悪かったことだろう。何しろ、日本の命運が自分の両肩にどっしりとのしかかり、資金調達の失敗は、日露戦争に敗けることを意味したからだ。体中に悲壮感が漂っていても、おかしくない。

ところが、是清はこのような大ピンチのときにも、「オレは運のいい男なのだから、きっとなんとかなる」と思っていた。そして、それが本当に、なんとかなってしまったのである。

ある夜、是清はある銀行家のパーティに招待された。そこでたまたま隣に座った男と話が弾むのだが、これがユダヤ人で反ロシアだったのだ。話すうちにすっかり是清を気に入ったその男は、残り五百万ポンドの資金援助を約束してくれたのである。

このユダヤ人との遭遇は、まさしく偶然であり、運としか言いようがない。そして、もし是清がそのユダヤ人の前でしょんぼりとうなだれているだけだったら、意気投合することはなかったかもしれない。是清が運を信じて体中から運気ともいうべきものを発散させていたからこそ、この遭遇と、それに続く幸運があったのだろう。

是清の例に限らず、「自分は絶対に大丈夫だ」と、根拠のない自信を抱いている人は、結構いる。これは、ある種の自己暗示であり、この自己暗示が、本当に幸運を導いてくれることも、たまさかではないのだ。

幸田露伴が説いた「幸福三説」とは?

幸田露伴は、幸福について「幸福三説」を唱えた。

世の中を眺めてみると、どうも幸福が比較的よく回っている人と、そうでない人がいるようだが、この「幸福三説」に沿って考えてみると、その理由がよくわかるのである。

「幸福三説」の一つ目は、「惜福《せきふく》」である。一度めぐっていた幸運を、すべて使い切ってしまわないということだ。

旭将軍とうたわれた木曽義仲は、平家を追い落とす大功を成したが、惜福をしなかったために京都で羽目をはずしてしまった。その結果、同門の源氏の手にかかって滅んでしまった。

源義経は、いまだに日本人の多くから圧倒的な支持を受けているが、私に言わせれば、彼も「惜福」の工夫がなかったために破滅したといえる。義経は、空前の軍事的成功を収めたが、頼朝の承認を得ずに朝廷から官位を受けて有頂天になったために頼朝に疎まれ、奥州《おうしゅう》平泉で滅びることになったのだ。

義経の例からもわかるように、これは、人の気持ちを慮《おもんぱか》るということにも通ずる。愚かなのは、言うまでもなく人を疎ましく思って逆恨みする頼朝のほうだ。しかし、義経に少し頼朝の気持ちを推し量る器量があったなら、事態は少し変わっていたかもしれない。

「幸福三説」の二つ目は、「分福《ぶんぷく》」である。自分にめぐってきた福を独り占めせず、周囲にも分け与えるということである。いわば「福」のおすそ分けである。

ただし、あくまで好意で分けるのだから、見返りを期待してはいけない。福は天からの授かりものであり、人々のあいだをめぐりめぐるものだ。だから、自分に何かいいことが起きたら、それを天の一角に返すような気持ちで他人に分ける。こういう心がけが大切なのである。

最後に、「幸福三説」の三つ目は、「植福《しょくふく》」である。

たとえば、農家の人が裏山に杉の木を植える。その木が大きくなるころには、その人はもう死んでしまっているかもしれないが、子孫のため、あるいは後世の役には立つだろう。このように、幸福の種を植えておくことが、「植福」である。

第三章で、仕事をするうえで、頭を使って競合相手に勝つことが第一だが、そこで相手の気持ちを慮る気配りを欠いては、ゆくゆく痛い目に遭うことになると述べた。（一一四ページ参照）ここで言うならば、それは、惜福、分福、植福を徹底せよということだ。

目の前に現れたチャンスは、
捕まえなければ二度と手にすることはできない！

先に述べたように、幸運とはラジオの周波数のようなもので、こちらが周波数を合わせる努力を積まない限り、頭の上をスースーと通り過ぎているだけだ。
かくも幸運とは見えにくく、ときとして気まぐれに訪れるものでもある。だが、その影がチラリとでも見えたなら、がっちりとつかんで離さないことが肝要だ。まるで移り気の激しい女性のように、幸運はこちらがきちんと追い求めてつかまえておかないと、さっさと別のところへ行ってしまうからだ。

私がドイツ留学に行った翌年だったと思うが、アメリカの大学から、上智大学の学生をぜひ受け入れたいという話がまた来たそうだ。そして私の後輩二人が、そのアメリカ留学の候補として選ばれた。

二人は勉強熱心だし、さぞかし喜んでいるだろうと思った矢先、あろうことか、二人とも、その話を蹴ってしまったのである。昭和三十年（一九五五年）ごろの話である。旅費が自前だからというのが、その理由だった。彼らは、これほどのチャンスにめぐまれながら「果たして自腹を切って旅費を出してまで留学する意味があるのか」と考えてしまったのだ。

私にすれば信じがたいことだったが、辞退した一番の理由は、別なところにあるようだった。英文科にいた男がアメリカ留学のチャンスを一九五〇年代に蹴るということは、何のために英文科に入っていたのか、という根本問題になる。

この話を聞いたとき、私は、世の中にはずいぶん臆病な奴がいるものだと思ったものだ。

歴史は遡《さかのぼ》り、勝海舟たちが咸臨丸《かんりんまる》で渡米したときに、福沢諭吉が無理やり乗り込んだというのは有名な話だ。このとき、勝海舟の周辺では辞退者が続出したらしい。何しろ日本人の経験したことのない万里の波濤《はとう》の彼方に行くのだ。遣唐使以上の冒険のように思えたのだろう。泰平の世に憧れた人々には恐ろしかったのだろう。しかし、私には、なにがなんでもこの機会にアメリカに行こうとした福沢諭吉の気持ちのほうが、実感としてよく理解できる。

まず、アメリカをこの目で見てみないことには話にならない。そして、この機会を逃したら、いつ行けるかわからない。福沢諭吉は、こんな決意を胸に秘めていたのではないだろうか。

通俗的なことわざだが、「チャンスは前髪を捕まえろ」という。ローマ時代にも、「機会は前頭部に毛髪があるが、後頭部は禿《はげ》である。もしそれを捕まえたら保持せよ。一度逃げた機会は、ジュピターの神も捕まえることはできない」と言われていた。

チャンスには、前髪しか生えておらず、通り過ぎてしまってからいくら捕まえようとしてももう遅い。これは、古代から言い伝えられている偉大な教訓なのである。

「かくありたい自分」の姿を、できるだけ細かくイメージする

スポーツ選手は、常にイメージトレーニングを欠かさないという。野球選手なら、理想のスウィングやピッチングをこと細かにイメージする。サッカー選手なら、ゴール前のセットプレーを何度もシミュレーションし、イメージを深める。これを繰り返すことで、限りなく理想に近いプレーが可能になるのだ。

これは、何においても言えることだ。もちろん、成功のためにもイメージトレーニングの力は絶対に侮れない。

成功したいなら、その成功の内容を、「かくありたい自分」があるなら、その「かくありたい自分」の姿を、できるだけ細かくイメージしてみる。そういう時間を、毎日わずかでも持つように努めれば、それを実現するためのアイデアがふと湧いたり、思いがけないチャンスに恵まれたりする。

望ましい自分の姿をまぶたにはっきりと浮かべることができるのなら、その手段がわからないということについて、一切、悩む必要はない。好ましい自己の未来像を持ち続けていれば、その道筋は、血眼《ちまなこ》になって探さなくてもふと見えてくるものだからだ。

私は外国語を勉強するのが専門だから、外国で勉強してみたいとずっと思い続けた。暇があれば地図を広げ、あの国、この都市と、思い思いにイメージを膨らませていた。イメージの中で私は、あるときはイギリスの町並みを歩き、あるときはドイツの郊外でゆったりくつろいだものだ。

こういう瞬間は、誰にでもあることだと思う。そして、おそらくこういうときは、自分の知らないところで、そのイメージが実現する方向に運命の舵《かじ》が切られているのだ。

❖イメージは自律神経に作用する

このように明確なものではなくても、イメージの力は十分発揮される。

たとえば、仕事や学問でどうしても思うようにいかないというときは、同僚や同級生の中でも、成功している人たちと一緒にいるように努めるとよい。

成功者の集まりというのは、当然ながら、成功した話ばかりになる。あの教授にえらく気に入られたとか、仕事ぶりが認められて昇給したとか、とにかく景気のいい、晴れ晴れとした話が多くなる。

こういう場に身を置いていると、自然に頭の中は成功のイメージで満たされる。そして、成功のイメージが次々とインプットされるうちに、自分もなんとなくうまくいきはじめることも、たまさかではない。

これが、自分がうまくいっていないからといって、お互いのキズをなめ合うかのごとく、同じような境遇の人とばかり付き合っていると、ただでさえ悪いイメージばかりのところに、さらに悪いイメージを吹き込まれることになる。すると、あとは失敗の悪循環に陥るだけだ。

一説では、イメージは自律神経に作用するそうである。いいイメージを強く持つと、自律神経がそれを実現しようと働き始めるというのだ。

となれば、成功のイメージを思い浮かべるということは、ほかでもない自分の力で成功を呼び寄せていることになるのである。

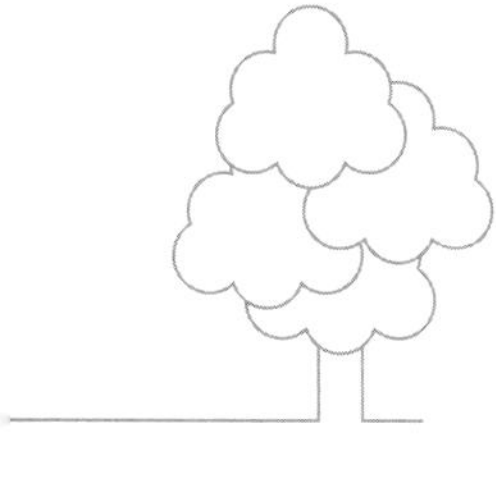

利巧に立ち回れる人だけが成功するとは限らない

会社でも学校でも、何かと器用に立ち回る人というのはいる。社内で大規模な異動があると小耳に挟めば、首尾よく行きたい部署の上司に取り入る、マスコミ関係に就職したければ、マスコミ業界に通じている教授のゼミに入ってコネクションづくりに励む、などである。

こうやって書いてみると、まるで彼らがずる賢いようだが、私はそういうやり方を非難しているわけではない。自分の中で目指すものがあり、それに向かって努力しているのだから、それはそれで、成功するための一つの立派な方法だと思う。

ただ、ふとわが身を振り返ってみると、私はそういう器用さはまったく持ち合わせていなかったとつくづく思う。

そして、器用か不器用かは、成功するかどうかにそれほど深く関係していないと感じるのだ。

よく、成功の秘訣は「運・鈍・根」にあるといわれる。「運」は運がよいこと、「鈍」は軽々しく動かないということ、「根」は根気よくやること。だが、私の場合は、「鈍」が強かったのではないかと思う。と言うより、動こうにも動けなかったと言ったほうが正しい。

山形は鶴岡の田舎からポンと東京へ出てきたわけだから、世間的なことはまるで知らなかった。

アメリカ留学ができなかったときも、悔しいのは悔しいのだが、器用に立ち回ることができないから、「まあ、このまま頑張って勉強を続けるかな」ということぐらいしか考えつかなかった。

おそらく器用な人ならば、ここでいろいろと動き回るのだろう。教授にかけ合ってほかに留学の道を探るかもしれないし、研究者という道にさっさと見切りをつけ、大企業就職を目指すようになるかもしれない。そういうことをした人を私はたくさん見てきたが、うまく行った例は稀《まれ》のようである。

しかし、結果として私は、「鈍」と構えていたことにより、アメリカ留学に勝る留学の機会を得ることができた。器用に動き回っていたらどうなっていたかなど、今さらわかるべくもないが、少なくとも、器用に立ち回らなくてもチャンスを掴むことができたことは事実だ。

このように、頭がよく、利巧に動き回れる人だけが成功するわけではないとは、私の経験からくる実感なのである。

ネットではなく、昔ながらの方法こそ知力が高まる

本職の知識はもちろんのこと、それ以外の分野について造詣の深い人というのは、結構いるものだ。そして、この関心の広さこそ、人間としての大きさにつながるのではないかと思う。

竹村健一氏がいい例だ。竹村氏は珍しい話や面白い話を聞くと、こんなに聞き入る人はいないというくらい、熱心に耳を傾ける。何にでも関心を示すから、どんどん知識が広がる。まさに、「関心＝知識」を地で行っている人だと思う。

また、幸田露伴は、たいへんな博識者だったことで知られるが、「何のことはない。自分はただ心豊かにいろいろなものに興味を持ち続けただけだ」というようなことを言っている。まさにそのとおりで、現代のような情報過多の時代ならなおさら、「関心＝知識」であると言えよう。

昔むかし、何のメディアも発達していなかったころは、知識は歳《とし》をとるほどに蓄積されるものだった。どこの部落にも長老というのがいて、村人は何か問題が起きると、長老に相談しに行く。つまり、経験値のみが知識のよりどころだったから、より長く生きている人が、より多くの知識を持っていたのである。

時代は変わり、ルネッサンスで活版印刷が発明されると、今度は本が読める人と読めない人とのあいだに、知識量の大差が出ることとなった。部族社会のころは存在しなかった「知識階級」なる階級が生まれることとなり、この時点で、年齢による知識量の差よりはるかに落差が激しくなったと言っていい。

この時代は長く続いたが、さらに時代は移り変わり、テレビが発明される。すると、今度は逆転の現象が起こり、知識量は大差なくなっていく。テレビが、本を読めない人でも気軽にアクセスできる情報源になったからだ。

たとえば、活字メディアの時代なら、アフリカ旅行記を読めない人はアフリカについて知ることはできない。しかし、テレビの時代になると、二時間程度の特集番組を見れば、小さな子どもでもアフリカについてある程度の知識は得ることができるというわけだ。

そして、今、情報技術革命の時代である。

かつてはお金を払って買うものだった知識は、次第に、インターネットにアクセスすれば誰でも簡単に無料で手に入れることができるものになった。もはや知識は知識ではなく、情報であり、それが堰《せき》を切ったように溢れている。これが現代の状況なのだ。

ただし、情報が多すぎるあまり、足を取られやすいことには要注意だ。情報の質を見極める頭がなければ、いくら関心が知識に直結するとはいえ、ろくなことにならない。情報それ自体は知力の開発にはすぐにつながらない。読書、反省、実験、観察、体験など、昔ながらの方法が知力を高める。この知力によってのみ情報の生かし方が決まるのである。朝から晩までテレビやインターネットで情報に接していても、それだけで学者になることも、発明家になることも思想家になることもないし、著述家になることもない。

まずは読書とかすぐれた教師との出会いによって、自分自身の知力を鍛えることが肝心であろう。

本書は二〇〇五年一月、海竜社より刊行された『渡部昇一の思考の方法』を加筆修正し、大幅に改訂したものです。

渡部昇一（わたなべ・しょういち）
昭和5年山形県生まれ。上智大学大学院修士課程修了。ドイツ・ミュンスター大学、イギリス・オックスフォード大学留学。Dr.phil.(1958)、Dr.phil.h.c.(1994)。上智大学教授を経て、上智大学名誉教授。その間、フルブライト教授としてアメリカの4州6大学で講義。専門の英語学のみならず幅広い評論活動を展開する。昭和51年第24回エッセイストクラブ賞受賞。昭和60年第1回正論大賞受賞。英語学・言語学に関する専門書のほかに『知的生活の方法』（講談社現代新書）、『アメリカが畏怖した日本』（PHP新書）、『古事記と日本人』『日本史から見た日本人（古代編・中世編・昭和編）』（以上、祥伝社）、『日本の歴史』（全8巻）（ワック）、『知的余生の方法』（新潮新書）、『決定版　日本人論』（扶桑社）、『決定版 日本史』『名著で読む世界史』『名著で読む日本史』（以上、育鵬社）などがある。

扶桑社新書 239

人生の手引き書
～壁を乗り越える思考法～

発行日 2017年 5 月 1 日　初版第 1 刷発行
2023年10月10日　第11刷発行

著　者………渡部 昇一
発 行 者………小池 英彦
発 行 所………株式会社 扶桑社
〒105-8070
東京都港区芝浦1-1-1 浜松町ビルディング
電話 03-6368-8870（編集）
03-6368-8891（郵便室）
www.fusosha.co.jp

DTP制作………Office SASAI
印刷・製本………株式会社 広済堂ネクスト

Printed in Japan　ISBN 978-4-594-07628-3